FRIEDEMANN

Das Auer Lesebuch 2

Schulbuch für das 2. Schuljahr

Erarbeitet von
Ruth Dolenc-Petz
Christel Fisgus
Gertrud Kraft
Edeltraud Röbe
Heinrich Röbe

Ernst Klett Verlag
Stuttgart · Leipzig

Inhalt

→ Ein ausführliches Inhaltsverzeichnis findest du ab Seite 178.

Reise zum Planeten des Lesens – Vom Buchstaben zum Buch

Wir starten

Flo sucht ihr neues Lesebuch.
Es ist verschwunden.
Es ist wie vom Erdboden verschluckt.
Krok hat eine Idee.
„Es gibt einen Planeten des Lesens.
Sicher finden wir es dort!“
Flipp macht das Ufo startklar.
„Schnell, alle einsteigen!“
10, 9, 8, 7, 6, 5, 4, 3, 2, 1, 0
Und schon starten sie,
vorbei am Mond, vorbei am Mars,
immer weiter ins All – bis …

Das Land der Buchstaben

A, E, I, O, U
• msel, • sel, • gel, • bstmade
und eine • nke auch
gucken in jeden Graben,
durchsuchen jeden Strauch.
Sie hatten fünf verloren
und sagten zu mir: „Du,
sei lieb und hilf uns rufen:
A, E, I, O, U!"

Josef Guggenmos

Wurstbrot
Durstbrot
Nudelsuppe
Pudelsuppe
Kindergarten
Rindergarten
Lesetuch
Lesebuch
Kirchturmohr
Kirchturmuhr

Der Fluss der Silben

Der Wörterzauberwald

Aus dem und wird der Hund,
aus dem aus wird die Maus
und aus dem ach
wird ein fürchterlicher Krach.

Aus dem nie wird das Knie,
aus dem auch wird der Bauch,
und aus dem als –
wird ein Hals.

Das Schloss der Sätze

Flo
Flo landet
Flo landet mit dem Ufo
Flo landet mit dem Ufo im Schlosshof.

Krok
Krok sucht
Krok sucht im Schloss
Krok sucht im Schloss das Lesebuch.

Flipp
Flipp entdeckt
Flipp entdeckt im Turm
Flipp entdeckt im Turm den Wörterdrachen.

Sie
Sie bauen
Sie bauen aus den Wörtern
Sie bauen aus den Wörtern einen Satz.

Die Stadt der Bücher

Das zweite Schuljahr beginnt

Karel Appel: Questioning Children

Frau Boskop

Die Tür geht auf und da steht sie: Die neue Lehrerin.

In der Klasse 2b ist es mucksmäuschenstill. 29 Augenpaare beobachten, wie sie den Klassenraum betritt. Die neue Lehrerin, findet Daniel, sieht aus wie ein Packesel. Eine alte Ledertasche hängt über ihrer linken Schulter. In der rechten Hand hält sie einen Korb mit Äpfeln.

„Boskop, so heißt der Apfelbaum von meinem Opa auch“, ruft Pia. Da lachen die anderen Kinder und Pia wird rot. Aber die neue Lehrerin ist gar nicht böse, dass man sie mit einem Apfelbaum verwechseln kann. Ganz im Gegenteil.

Sie zeigt auf die Äpfel und sagt: „Die sind für euch, Kinder.“

Ulrike Kaup

Wie heißt die Lehrerin? Was bedeutet ihr Name noch? Lies in den Zeilen 11 und 12 nach.

Eine tolle Rolle

Die Turnstunde hat begonnen. Die Kinder dürfen an die Kletterstangen. Timi hangelt sich wie ein Affe hoch. Anna rutscht quietschend herunter.

Alle freuen sich. Aber Lisa läuft plötzlich weg. Frau Koch fragt: „Was ist los?“ Lisa flüstert: „Ich kann das nicht.“ „Versuch es mal!“, sagt Frau Koch. „Es ist ganz leicht.“ Aber Lisa traut sich nicht.

Dann kommt das Bodenturnen dran. Frau Koch macht eine Rolle vor.

Timi versucht es als Erster. Er läuft. Er springt auf die Matte. Er guckt zwischen seinen Beinen durch. Es sieht sehr lustig aus. Aber es ist keine Rolle.

Dann kommt Anna. Anna plumpst auf die Matte. Sie kugelt sich hin und her. Aber sie macht keine Rolle.

Nun ist Lisa dran. Lisa nimmt Anlauf. Lisa macht eine Rolle. Einfach so. Ganz schnell.

Frau Koch staunt: „So eine tolle Rolle!“ Sie fragt Lisa: „Kannst du es den anderen nochmal zeigen?“ Lisa antwortet: „Es ist ganz leicht. Einfach einen Purzelbaum!“ Und schon purzelt sie wieder über die Matte. Frau Koch lacht: „Gut. Dann machen wir jetzt alle einen Purzelbaum.“ Die ganze Klasse purzelt über die Matte. Einer nach dem anderen. Zum Schluss sagt Frau Koch: „Nächstes Mal spielen wir Klammeraffen an der Kletterstange. Machst du mit, Lisa?“ Lisa lächelt und sagt: „Ja, ich versuche es.“ Anna meint: „Wenn man es kann, ist es ganz leicht.“

Sabine Jörg

Wovor hat Lisa beim Sport Angst?
Was kann Lisa besonders gut?
Lies nach.

Was kannst du besonders gut?
Wofür brauchst du Mut?

Große Pause

Pausenzeichen
Buch zuklappen
Tür auf raus
und Jacke schnappen

Schlange stehen
Brezel kaufen
essen trinken
schreien laufen

Gummi twisten
spielen springen
schubsen ärgern
Streit beginnen

weinen lachen
Streit vergessen
Sachen tauschen
Kräfte messen

Pausenzeichen
rennen flitzen
rein ins Zimmer
stille sitzen

Siggi Gsell

Haben dir die Silben beim Lesen geholfen?
Sprich mit anderen darüber.

Lesetipp – Seite 19

Wir freuen uns auf die zweite Klasse

Endlich sind wir Zweitklässler.
Die Kinder der Klasse 2a unterhalten sich, worauf sie sich besonders freuen.

Frau Koch sagt: „Ihr habt tolle Fragen und Ideen.
Keine soll uns verloren gehen.“
Ramon schlägt vor: „Wir schreiben sie auf.
Jeder darf drei Wünsche äußern.“

Frau Koch zeichnet eine Tabelle an die Tafel. Sie notiert in den Spalten die Wünsche in Stichpunkten. Sie notiert sie in einer Tabelle an der Tafel.
Jedes Kind darf zu seinen Wünschen immer einen Strich machen.

Wunsch	12 Mädchen	9 Jungen
Buch lesen	𝍸	II
Freunde treffen	𝍸	𝍸 I
Forscherclub	𝍸 I	𝍸 II
Theater spielen	𝍸	II
Sport	𝍸 I	𝍸

Worauf freut ihr euch in der zweiten Klasse?
Erstellt eure eigene Tabelle.

Das verzauberte Klassenzimmer

Lest die Überschrift. Was vermutet ihr? Wovon erzählt der Text?

Die neue Schülerin

Die Klasse 2b hatte gerade Rechnen. Bei Herrn Grempel. Da klopfte es. Ein Mann, ein Mädchen und ein Elefant guckten durch die Tür. „Ist das hier die Klasse 2b?“, fragte der Mann. Herr Grempel nickte verdattert.

„Ich bringe ihnen eine neue Schülerin“, sagte der Mann. „Meine Tochter Inga.“ Inga lächelte. „Viel Spaß, mein Kind!“, sagte ihr Vater.

„Ich lasse den Elefanten auf dem Schulhof. Vergiss nicht, ihn zu füttern!“ Der Elefant winkte mit dem Rüssel. Ingas Vater verbeugte sich bis zur Erde und verschwand wieder.

Inga aber hüpfte zu dem einzigen leeren Platz. Ganz hinten, neben den dicken Max.

Lesestudio – Seite 18

Zappelkreide

„Na, so was!“, murmelte Herr Grempel. Dann drehte er sich um und schrieb ein paar schaurig schwere Aufgaben an die Tafel. Die ersten drei löste Carina, die schnellste Rechnerin der Klasse. Danach kam Inga an die Reihe.

„Na, dann wollen wir mal sehen, was du kannst!“, sagte Herr Grempel. Inga nahm die Kreide. Dann rief sie: „Eins, zwei, drei und hopp. Kreide, lauf Galopp.“

Mit einem Satz sprang die Kreide auf Ingas flache Hand. Sie lief die Tafel hinauf und kritzelte Zahlen hinter die Aufgaben. „Alles richtig?“, fragte Inga. Herr Grempel machte den Mund auf, klappte ihn wieder zu und nickte.

Inga aber hüpfte zurück auf ihren Platz.

Cornelia Funke

Stimmten eure Vermutungen? Sprecht darüber.

Die Überschrift beachten

- **Ich lese die Überschrift genau.**
- **Ich überlege:**
  Wovon erzählt der Text?
  Was fällt mir dazu ein?

Wenn ein Löwe in die Schule geht

Wenn ein Löwe in die Schule geht,
lernt er: brüllen und schleichen
und mit weichen Tatzen
kratzen.

Wenn ein Hase in die Schule geht,
lernt er: mümmeln und lümmeln,
hoppeln und springen,
aber nicht singen.

Wenn ein Gespenst in die Schule geht,
lernt es: spuken und spucken,
wimmern und zucken,
wehen und winseln,
malen – mit Schatten pinseln.

Wenn die Kinder in die Schule gehen,
...

Friedl Hofbauer-Kauer

Jeden Buchstaben beachten

Lesetipp mit Flo und Flipp

Bechstaben verwuchselt!

Die Schule soll den Apfel schützen,
die Schale kann den Kindern nützen.

Timo badet in der Tanne,
grüne Nadeln hat die Wanne.

Die Butter heut zur Arbeit geht,
auf dem Tisch die Mutter steht.

Der Kater, der geht gern spazieren,
mein Vater läuft auf allen Vieren.

Der Hahn legt schnell ein Ei heut früh,
das Huhn kräht laut: „Kikeriki."

Die Tante schreibt mal rot, mal blau,
die Tinte ist 'ne nette Frau.

Das kleine Kind schläft in der Ziege,
draußen meckert laut die Wiege.

Im Schluss, da wohnt der Königssohn,
am Schloss, ja glaub' mir, sind wir schon.

Ich und meine Familie

Ich

Ich kann rennen
tanzen springen
kann ein Lied
mit sieben Strophen
singen

Ich kann weinen
und kann lachen
kann Handstand und
ein bisschen Salto
machen

Ich kann verstehen
was du meinst
kann dich trösten
wenn du
weinst

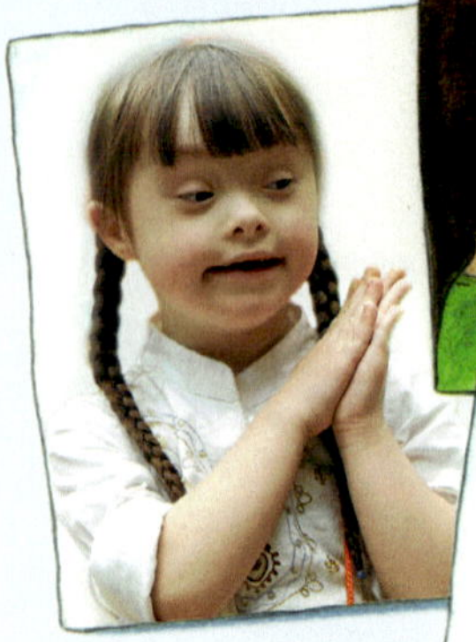

Ich kann dir
Pfannekuchen backen
und wenn du müde bist
dann kraul ich deinen
Nacken

Anne Steinwart

Das Maglied

Ich mag dich kreuz und quer
Ich mag dich hin und her
Ich mag dich immer **mehr**
Ich mag dich sauber
Ich mag dich dreckig
Ich mag dich **rund**
Ich mag dich eckig
Ich mag dich wie du bist
Ich mag was in dir steckt
Du bist perfekt

Ich mag dich haargenau
Ich mag dich gelb und grau
Ich mag dich grün und blau
Ich mag dich pink
Ich mag dich ponk
Ich mag dich blubbs
Ich mag dich schwubbs
Ich mag dich bunt, **kariert**
gestreift, liniert, **gescheckt**
Du bist perfekt

Andreas Remenyi

Überall weiß jedes Kind,
dass wir dicke Freunde sind.

Ausrufzeichen, Herz daneben, dich vergess ich nie im Leben!

Ich freue mich, wenn ich dich seh,
ich finde dich so nett,
ich schenke dir mein H und E,
mein R und auch mein Z.

Was ich mag

Seht die Bilder an.
Wovon erzählen die Texte?
Was vermutet ihr?

Lesestudio – Seite 28

Brigitte Minne und Natali Fortier

Stimmten eure Vermutungen? Sprecht darüber.
Hast du auch ein „Ich mag"-Geheimnis?

Warum? – Darum!

Papa hat ein kleines Album mit Fotos.
Auf jedem Foto ist Papa zu sehen.
Vorne im Album ist Papa klein. Hinten im Album ist Papa groß.
Von vorne nach hinten durch das ganze Album wird Papa immer älter.

Max will das Album mit Papa ansehen. „So rum!“, sagt Max.
„Von hinten nach vorne.“

Ganz hinten im Album
ist Papa elegant:
Haare mit Scheitel,
Anzug mit Krawatte,
schicke Schuhe.

„Lackaffe!“,
sagt Max.
„Sei nicht frech!“,
sagt Papa.

Weiter vorne im Album
ist Papa etwas wild:
ganz lange Haare,
Hose mit Fransen,
keine Schuhe.

„Gammler!“,
sagt Max.
„Sei nicht frech!“,
sagt Papa.

Noch weiter vorne im
Album ist Papa sportlich:
ganz kurze Haare,
Badehose,
braune Haut.

„Wie ich!“,
sagt Max.
„Stimmt genau!“,
sagt Papa.
„Du bist ja auch mein Sohn!“

Ganz vorne im Album ist Papa niedlich: gar keine Haare,
kleiner Dickbauch, Zeh im Mund.
„Das kannst du nicht mehr“, sagt Max.
„Sei nicht frech!“, sagt Papa.
Max hebt einen Fuß bis über den Kopf. „Bravo!“, sagt Papa.

„Jetzt du!“, sagt Max.
„Keine Lust!“, sagt Papa.
„Warum nicht?“, fragt Max.
„Darum nicht!“, sagt Papa.
„Aha!“, sagt Max.
Max grinst frech.

Ute Andresen

Haben dir die Silben beim Lesen geholfen?
Lies deinem Partner einen Abschnitt vor.
Sprecht darüber.

Lesetipp – Seite 29

Laura weiß was Wichtiges

Laura läuft zu ihrer Mama:
„Ich muss dir was Wichtiges sagen!“
„Später, Schatz!“, sagt Mama.
Sie sucht gerade nach einem Buch
und steht auf der Leiter.
„Geh zu Papa!“

Laura läuft zu Papa:
„Ich muss dir was Wichtiges sagen!“
„Später, Schatz!“, sagt Papa.
Er sitzt gerade in der Badewanne
und wäscht sich den Kopf.
„Geh zu Oma!“

Laura läuft zu Oma:
„Ich muss dir was Wichtiges sagen!“
„Später, mein Liebling!“, sagt Oma.
Ihr ist gerade am Strickstrumpf
eine Masche runtergefallen.
„Geh zu Opa!“

Laura läuft zu Opa:
„Ich muss dir was Wichtiges sagen!“
„Später, mein Goldkind!“, sagt Opa.
Er sitzt im Ohrensessel und liest die Zeitung.
„Geh zu Katrin!“

Laura läuft zu ihrer Schwester:
„Ich muss dir was Wichtiges sagen!“
„Verschwinde! Du störst!“, zischt Katrin.
Sie telefoniert gerade mit ihrem Freund.
„Geh doch zu Moritz!“

Laura läuft zu ihrem Bruder: „Ich muss dir was Wichtiges sagen!“ „Lass mich in Ruhe!“, knurrt Moritz. Er repariert gerade sein Fahrrad und sucht nach einer Schraube.

Laura läuft in ihr Zimmer und holt ihre Trompete. Sie stellt sich auf die Treppe und bläst, dass die Wände wackeln.

Da kommen sie alle gelaufen: Mama mit dem Buch, Papa mit Schaum auf dem Kopf, Oma mit dem Strickstrumpf, Opa mit der Zeitung. Sogar Katrin und Moritz tauchen auf.

„Spinnst du?“, ruft Katrin. „Du Nervensäge!“, knurrt Moritz. „Was ist denn los?“, ruft Mama. „Überschwemmung in der Küche!“, sagt Laura. „Das Wasser läuft aus der Spülmaschine.“ „Warum hast du das denn nicht gleich gesagt!“, rufen alle im Chor.

nach Rosemarie Künzler-Behncke

Warum holt Laura ihre Trompete? Lies nach.

Lest die Geschichte mit verteilten Rollen.

Die Bilder nutzen

- **Ich schaue die Bilder an:**
  Wen oder was sehe ich?
  Was tut jemand? Was geschieht?
- **Ich überlege:**
  Wovon könnte der Text erzählen?
  Weiß ich schon etwas darüber?

Pia backt Kuchen

Zuerst kommt Butter in die Schüssel,
dann Zucker und Eier.
Pia rührt immer rundherum.
Hm, der Teig schmeckt schon sehr gut!

Papa probiert. Mama probiert. Oma probiert.
Und Purzel bekommt einen Teigklecks
in sein Schälchen. So einen guten Kuchenteig
hat er lange nicht geschleckt!

Jetzt gibt Pia Mehl dazu und Milch, Rosinen und Nüsse. Pia strengt sich beim Rühren mächtig an. Sie muss noch einmal den Teig probieren. Oh, ist der gut! Pia fischt sich eine dicke Nuss heraus. „Mama, koste auch mal“, ruft Pia.

Da kommen Papa und Mama, Oma und Purzel angelaufen. Alle probieren sie den Teig. Danach ist die Schüssel leer. „Macht nichts“, sagt Pia, „ich rühre einfach einen neuen Kuchen!“

Gerda Wagener

Lange Wörter in Silben teilen

Lesetipp mit Flo und Flipp

Die Sil-ben-schle-cker-sei-te

Melonensalat

Melonensalat
auf Honigspinat.
Rhabarberschnee
auf Himbeerpüree.
Haselnusseis
auf Vanillezimteis.

. . . und danach ein Märchen

Rumpelstilzchen
Dornröschen
Schneewittchen
Der Wolf und die sieben Geißlein
Das tapfere Schneiderlein
Die kleine Meerjungfrau

Für ganz besondere Schleckermäuler

Mandarinenschäume, Kokosträume,
Butterstückchen, Schokoglückchen,
Gummibärchen, Honigmärchen –
Das kann Katrinchen nicht vertragen,
alles liegt so schwer im Magen.

Einfach fantastisch

Wolfgang Lettl: Spiegelung

Ich kann lesen

Hallo, Bücher!
Was habt ihr für mich?

Ihr bleibt stumm?
Macht nichts.
Ich bringe heraus,
was ihr erzählen könnt:
Ich kann lesen!

Ich weiß doch,
ihr wollt gelesen werden.
Und mir macht's Spaß.

Vielleicht
werden wir sogar
Freunde.

Siegfried Buck

Fritz Ferkel

Fritz Ferkel liebte Hüte über alles.

Er hatte große Hüte, kleine Hüte, hohe Hüte, Schlapphüte, Streifenhüte, Federhüte, und passende Hüte für hier und da und dies und das.

Er hatte sogar so viele Hüte, dass alle deine Finger und Zehen nicht reichen, um sie zu zählen.

Eines Tages, als Fritz Ferkel spazieren ging, traf er eine Giraffe. Fritz Ferkel hatte einen wippenden, wackelnden Hoch-wie-ein-Turm-Hut auf. „Mit meinem Hut bin ich fast so groß wie du!“, rief er stolz zur Giraffe hinauf.

Die Giraffe schnaubte, schnappte – ssssst – nach dem Hut und setzte ihn sich auf den Kopf.

Am nächsten Tag, als Fritz Ferkel spazieren ging, begegnete er einem Krokodil. Fritz Ferkel hatte einen bissigen, gefährlichen Schnapp-und-ab-Hut auf.

„Mit meinem Hut bin ich fast so gefährlich wie du!“, sagte er stolz. Das Krokodil gähnte und mit Geschlabber und Geschlürf verschwand der Hut in seinem Maul.

Am nächsten Tag war es kalt draußen. Fritz Ferkel ging wie gewöhnlich spazieren und trug einen winzigen, weichen Klein-aber-fein-Hut.

Da entdeckte er plötzlich eine Maus. „Mir ist kalt und ich habe kein Haus. Dein Hut sieht so warm und gemütlich aus. Der wäre genau richtig, darin könnte ich mich in den Winternächten zusammenrollen.“

„Was, du willst in meinem Hut schlafen?“, quiekte Fritz Ferkel entsetzt.

„Ach, nein“, sagte die kleine Maus, „ich weiß, das wäre wirklich zu viel verlangt ...“

Glücklich und ohne Hut ging Fritz Ferkel nach Hause und machte sich sogleich ans nächste Wunderwerk!

Martine Oborne

Welche besonderen Hüte bastelt Fritz Ferkel?
Mit welchem Hut wird die kleine Maus glücklich? Lies nach.

Das Drachen-Ei

Lest die Überschrift. Seht die Bilder an.
Wovon erzählt der Text?
Was vermutet ihr?

Finn wünschte sich einen Drachen. Aus seinem Drachenbuch wusste er, dass Drachen aus Eiern schlüpfen. Eier hatten sie genug.

Beim nächsten Frühstück bewahrte Finn sein hart gekochtes Ei auf. Er legt es unters Kopfkissen, damit es schön warm blieb. Jeden Morgen sah er nach, ob der Drache schlüpfen wollte.

Aber nichts passierte. „Finn“, fragte seine Mutter. „Was stinkt so in deinem Zimmer?“ „Das ist der Drache“, sagte Finn. „Ich brüte ein Drachen-Ei aus.“

Lesestudio – Seite 38

Nach einer Woche stank der Drache so sehr, dass Finn im Flur schlief. „Er ist bestimmt fast reif“, sagte Finn.

Als er am nächsten Tag aus der Schule kam, war das Ei weg. Nur der Gestank war noch da. „Mama hat das Ei weggeworfen!“, schrie Finn wütend.

Dann sah er, dass etwas neben seinem Bett saß. Das Etwas war klein und haarig und hatte einen Zettel am Halsband. „Ich bin ein Drache“, stand darauf. „Aber ein getarnter. Die meisten denken, ich wäre ein Hund.“

Der Drache leckte Finns Gesicht ab. „Er ist geschlüpft!“, rief Finn. „Und er kann sogar schreiben!“ Finns Eltern guckten überrascht. Eltern haben ja keine Ahnung!

Antonia Michaelis

Stimmten eure Vermutungen? Sprecht darüber.

Stell dir vor, du bekommst ein Drachen-Ei geschenkt. Wer würde aus dem Ei schlüpfen? Male oder schreibe.

Manchmal wär ich gern ...

Ich bin riesengroß und tonnenschwer.
Wenn ich mich irgendwo hinsetze,
dann kann mich keiner mehr wegschieben.

Am Morgen setze ich mich vor den
Kindergarten
und trompete ganz laut.
Alle Kinder dürfen auf mir herumklettern
und auf meinem Rüssel balancieren.

Im Sommer tauche ich den Rüssel
in einen Wassereimer und spritze alle nass.

Erhard Dietl

Manchmal wär ich gern eine Fee.
Dann würde ich durch die Lüfte fliegen,
und hätte magische Kräfte.

Alina

Die farbigen „Miniwörter“ solltest du auf einen Blick lesen können.
Gelingt dir das schon?

Lesetipp – Seite 39

Ich fliege ein kleines Düsenflugzeug
und kenne alle Länder der Welt.
In China probiere ich gebratene Schlangen.
In Grönland übernachte ich in einem Iglu.
Und in Amerika reite ich auf wilden Pferden.

Mit meinem Flugzeug fliege ich am liebsten scharfe Kurven
und manchmal sogar Loopings.
Das kitzelt so lustig im Bauch wie in einer Achterbahn.
Wir hängen dann alle mit dem Kopf nach unten in den Sesseln.
Ich bin schon bekannt für meine Loopings.
Viele trauen sich nicht, mit mir zu fliegen.
Nur die ganz Mutigen.

Erhard Dietl

Manchmal wär ich gern die Luft.
Ich könnte dann in jedes Land reisen und
bräuchte dazu keinen Ausweis.
Ich könnte mit den Blättern spielen sowie mit
den Wetterfahnen.
Ich könnte einen Baum hin und her bewegen.

Karel

Was wärst du manchmal gern?
Erzähle und gestalte.

Lass dir von einem anderen Kind „Miniwörter“ zeigen.
Du liest sie ganz schnell.

- **Ich lese die Überschrift:**
  Was vermute ich?
- **Ich schaue die Bilder an:**
  Passen die Bilder zur Überschrift?
  Was tut jemand? Was geschieht?

Wenn ich groß bin

Wenn ich groß bin, fahr ich fort
und erforsch die Erde,

geh bei einem Schiff an Bord
oder reit zu Pferde,

schau, wohin die Vögel fliegen,
wo die sieben Berge liegen,

wo die Wohnung ist vom Wind,
wo der große Fluss beginnt,

wer das Fernsehen zu uns sendet,
wo der Regenbogen endet,

such das Ziel der Wolkenreise,
find 'nen Goldschatz – still und leise.

Ach, so viel erforsch ich dann,
wenn ich endlich loszieh'n kann.

Heidemarie Brosche

Kleine Wörter schnell lesen

Lesetipp mit Flo und Flipp

Fritz Ferkel

Am nächsten Tag, als Fritz Ferkel spazieren ging,
wurde er von einer Affenbande umzingelt.
Fritz Ferkel hatte einen kugeligen, hüpfenden
Fang-den-Hut auf.

„Mit meinem Hut bin ich fast so lustig wie ihr!“,
rief er stolz. Die Affen grölten,
und einer klaute mit seinem Schwanz
den Hut von Fritz Ferkels Kopf und warf ihn
einem anderen zu.

„Mmmh, o ja, wirklich ein lustiger Hut!
So was hätten wir gern jeden Tag zum Spielen!“,
riefen die Affen.
„Aber wenn du geduldig bist, kannst du ihn
wiederhaben, wenn wir fertig sind!“

Martine Oborne

Ungeheure Abenteuer

Dieses Bild hat Benozzo Gozzoli gemalt.
Viele Abenteuer warten in dem Bild auf dich.

Mein Traumpferd

Ich hatte ein Pferd
heute Nacht im Traum.
Das trug mich
über Busch und Baum.

Das war so mutig,
so stark, so jung,
das trug mich
in einem einzigen Sprung

Übers Meer, übers Meer
nach Amerika
in ein Ananasfeld.
Hurra, wir sind da!

Raus!, schrie der Farmer.
Da rief ich: Hopp!
Da trug mich mein Pferd
kreuz und quer im Galopp

Durchs ganze Land,
vorüber an Seen,
an Städten, an Herden,
an Riesenkakteen.

Und wieder zum Strand.
Hoch über die Wogen
sind wir an Vögeln
vorübergeflogen.

Nach Hause.
Es war für heute genug.
Komm wieder, liebes Pferd,
zu neuem Flug.

Josef Guggemos

Hast du auch ein Traumtier?
Wohin trägt es dich?

RITTER ROST und der Drache

Eines Tages gab es einen Streit auf der Eisernen Burg des Ritter Rost. Der Ritter wollte dem Burgfräulein Bö nicht erlauben, mit in den Zirkus zu gehen.

„Potz Wellenblech und Stacheldraht“, sagte er. „Du bist viel zu klein, um mitzukommen!“ – „So ein Quatsch“, sagte das Burgfräulein.

Doch Ritter Rost machte sich einfach allein auf den Weg. Das Burgfräulein Bö blieb allein zurück und ärgerte sich.

Um sich die Zeit zu vertreiben, spann sie Stahlwolle und strickte Kettenhemden.

Ritter Rost amüsierte sich inzwischen im Zirkus. In der Arena waren einige Fabelwesen, die herausfinden wollten, wer von ihnen am fabelhaftesten sei: Koks der Drache, ein Bauchredner, Mies der Werwolf und Graf Knoblauch der Vampir.

Jeder zeigte das, was er am besten konnte. Der Vampir flog wie ein Vogel durch die Manege. Der Bauchredner sagte ein schwieriges Gedicht auf. Nur der Werwolf konnte nichts Besonderes und deshalb meckerte er ständig rum.

„Moment mal“, sagte Koks, „jetzt bin ich dran!“,
und er spuckte ein tolles Feuerwerk.
Die Leute waren begeistert,
nur Mies war nicht einverstanden.
„Kannst du auch was Großes?“, stänkerte er.

„Klar kann ich auch was Großes!“,
entgegnete Koks
und spuckte kurzerhand das Zirkuszelt in Brand.

Zum Glück spritzte der Zirkuselefant
so lange Wasser, bis das Feuer gelöscht war.
Die Zuschauer aber rannten davon –
sogar der Ritter Rost.

Jörg Hilbert und Felix Janosa

Wen trifft Ritter Rost im Zirkus? Wer löscht den Brand?
Lies nach.

Onkel Dagobert: Ein zweifelhaftes Geschäft

Donald und seine Neffen Tick, Trick und Track begleiten Onkel Dagobert auf seiner Suche nach Edelsteinen.

(c) Disney

Wer ist Schuld an der schwierigen Lage der Ducks?
Besprecht euch in der Gruppe, wie der Comic weitergehen könnte.

Der beste Pirat von allen

Lest die ersten Sätze. Wovon erzählt der Text?
Was vermutet ihr?

Piratenkapitän Cliff hat Höhenangst. Er darf auf keinen Mast klettern, nicht einmal auf eine Palme. Sonst wird ihm schwindlig. Und wenn er von den hohen Klippen aufs Meer schaut, dann müssen ihn zwei Matrosen gut festhalten.

Cliff hat Angst vor Fischen. Wenn er ins Wasser fällt, dann schwimmt er so schnell an Land, dass die Schiffe lange brauchen, um ihn einzuholen.

Cliff hat Angst vor der Dunkelheit. In der Nacht müssen an Deck eines Schiffes alle Lampen angezündet werden. Und in seiner Kajüte brennen jeden Abend siebenundsiebzig Kerzen, wenn Cliff sich ins Bett legt. Drei Matrosen müssen die ganze Nacht auf die Kerzen aufpassen. Und auf Cliff.

Cliff hat Angst vor scharfen Waffen. Beim Essen muss der Koch alles ganz klein schneiden, bevor es auf den Tisch kommt. Cliff duldet nämlich keine Messer auf dem Tisch. Die liegen alle in den Schubladen. Und Pistolen haben seine Männer auch keine. Nur große Holzkeulen. Cliff ist der berühmteste Pirat der Weltmeere!

Er hat das schönste Schiff und die beste Mannschaft. Und – Cliff ist der beste Pirat von allen! Cliff hat oft Angst.

Lesestudio – Seite 48

Aber er ist klug.
Er kann Schätze entdecken, dort, wo sie keiner vermutet.
Er sieht Schiffe kommen, lange bevor sie am Horizont auftauchen.
Er riecht Gefahr, lange bevor sie wirklich da ist.

Cliff überfällt nur Schiffe, die zu viel geladen haben.
Seine Mannschaft hinterlässt ein paar Beulen –
und halbvolle Vorratskammern. Denn Cliff nimmt nie alles mit.
Jeder soll noch gut nach Hause kommen.
Deshalb wird er auch fast nie verfolgt.

Cliff ist überaus freundlich.
Er bedankt sich für die Beute,
er entschuldigt sich für den Überfall,
er hat gute Manieren.

Cliff weiß, wann es genug ist.
Nach sieben Überfällen gibt er seiner Mannschaft
stets sieben Wochen Urlaub.
Das macht er seit sieben Jahren so.
Sie fahren auf eine schöne Insel
und machen es sich gemütlich.

Cliff macht es sich gern an Deck gemütlich.
Er blinzelt in die Sonne und greift nach einem Buch …
Da sitzt er dann, ein Kapitän in einem Meer von Buchstaben,
und liest lachend eine Piratengeschichte
nach der anderen …

Heinz Janisch

Stimmten eure Vermutungen?
Sprecht darüber.

Den Textanfang lesen

- **Ich lese die ersten Sätze.**
- **Ich vermute:**
  Worum könnte es in dem Text gehen?

Wie man auf der Didnik-Insel zur Schule kommt

Wenn wir Menschen unsere Kinder
in die Schule schicken, dann wünschen wir ihnen
„Viel Spaß beim Lernen!“,
geben ihnen einen Kuss und sagen:
„Nun lauft, damit ihr nicht zu spät kommt!“

Es gab aber eine Insel – oder es gibt sie noch –,
da geben die Eltern ihren Kindern zwar auch einen Kuss,
aber sie rufen ihnen danach zu: „Und nun haltet die Luft an!“

Wahrhaftig, das sind sonderbare Leutchen.
Man nennt sie Didniks.
Ihr Geheimnis ist, dass sie fliegen können,
wenn sie richtig tief eingeatmet haben.
Dann werden sie leicht wie Luftballons.

Ihre Insel heißt die Didnik-Insel.
Die Schulkinder atmen also an der Tür ihrer Lehmhütten tief ein
und halten die Luft an, bis sie rote Köpfchen kriegen.

Wortbausteine erkennen (1)

Lesetipp mit Flo und Flipp

Wörter sind aus Wortbausteinen gebaut!

Ich achte auf die Wortbausteine!

He, ich schwebe wie ein Engel.

Juhu, wir fliegen.

Ich fliege schon.

Ich will losschweben.

Du fliegst mit.

Ich muss einatmen.

Ich kann die Luft anhalten.

Da fliegt unsere Lehrerin.

Ich bin angekommen.

Was ein Schulbus ist, wissen sie natürlich gar nicht.
Den brauchen sie aber auch nicht.
Wenn sie über ihrem Schulhaus angekommen sind,
müssen sie nur wieder ausatmen.
Dann sinken sie zu Boden
und laufen wie ganz normale Menschenkinder
in ihre Klassenzimmer.

Max Kruse

Das will ich wissen

Aus Käpt'n Blaubärs Quiz- und Lügenbuch

Das Schwarze Meer

„Das Meer wird auch nicht sauberer", klagt Käpt'n Blaubär,
„aber das ist kein Wunder, bei dieser Umweltverschmutzung.
Und bei der Nordsee merkt man das ja sofort,
aber beim Schwarzen Meer würde es keiner merken,
denn das Wasser ist dort nämlich ganz schwarz, kohlrabenschwarz.
Daher heißt es auch Schwarzes Meer."

Das Schnabeltier

„In Australien", erzählt Käpt'n Blaubär,
„da lebt an unzugänglichen Flussufern das Schnabeltier.
Obwohl es ein Säugetier ist,
legt es Eier und hat einen großen Schnabel.
Ich habe es mit meinen eigenen Augen gesehen",
sagt Käpt'n Blaubär, „es sieht aus wie eine Ente
auf vier Beinen mit einem braunen Fell."

Blauwalmilch

„Milch ist gesund", sagt Käpt'n Blaubär zu seinen Enkeln,
„also müsst ihr jeden Morgen ein Glas trinken.
Davon wird man groß und stark. Denkt mal an die Blauwale;
ein Blauwalbaby bekommt jeden Tag von seiner Mutter
500 Liter Milch. Jeden Tag wächst es um fünf Zentimeter
und wird schließlich das größte Tier der Welt."

Bernhard und Marianne Flessner

Welche Geschichte ist wahr?
Welche Geschichte ist unwahr?

Kannst du die zerlegten Wörter besser lesen?
Lies sie einem anderen Kind vor.

Lexikon: Der Wal

Das größte Tier ist der Blauwal. Er gehört zu den Bartenwalen und wird bis zu 33 m lang.

Der Wal

Wale sind an das Leben im Wasser sehr gut angepasst, gehören aber zu den → Säugetieren. Die Bezeichnung „Walfisch“ ist also genau genommen falsch. Eine dicke Fettschicht unter der Haut verhindert, dass Wale im kalten Wasser auskühlen. Für den Antrieb beim Schwimmen sorgt die große Schwanzflosse oder Fluke, die auf und ab geschlagen wird. Die Vorderflossen dienen der Steuerung.
Als Säugetiere atmen die Wale Luft und müssen somit regelmäßig zur Wasseroberfläche aufsteigen. Dort stoßen sie explosionsartig die verbrauchte Luft aus. Man sieht eine Nebelfontäne, den Blas. Danach atmet der Wal sofort wieder ein.

Wal: Der Orca oder Schwertwal gehört zu den Zahnwalen.

Die Zahnwale haben spitze kegelförmige Zähne im Kiefer und fangen Tintenfische, Robben und Seevögel. Zu ihnen gehören auch die → Delfine.
Die Bartenwale haben anstelle von Zähnen lange Barten. Sie filtern damit → Plankton aus dem Wasser.

Findest du ein unbekanntes Wort? Schreibe es auf.
Frage jemanden oder schlage es in einem Lexikon nach.

Lesestudio – Seite 58

Internet: Der Wal

http://www.firmm.org/de/

Datei Bearbeiten Ansicht Chronik Lesezeichen Extras Hilfe

Größenvergleich: Wale... +

www.firmm.org/de/

Größenvergleich: Wale und Delfine

Die unterschiedlichen Arten: So lang sind sie!

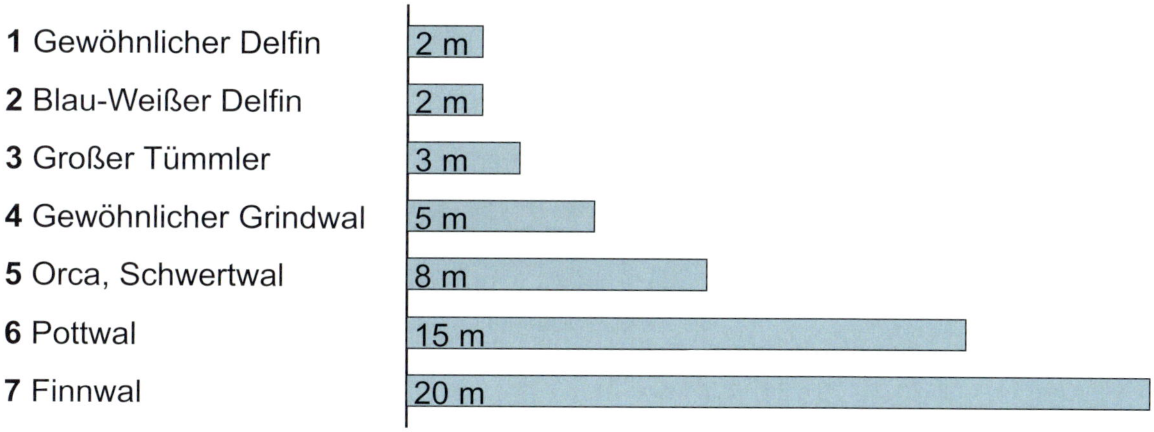

Kannst du das Diagramm lesen?

Lies nach:
- Wie heißen die Wale?
- Wie heißen die kleinsten Wale?
- Wie heißt der größte Wal?

Vincent Shadow

Vincent Shadow ist Spielzeugerfinder.
In seinem geheimen Skizzenbuch wimmelt es nur so von genialen Ideen. Die will er in seinem noch geheimeren Labor entwickeln.

Was ist das besondere an Vincent Shadows Seifenblasen?
Lies nach.

REGENbogen RAKETÄ

REGENTROPFEN WIE REGENBOGEN!!

Schieß die REGENbogen-Raketä während eines Gewitters ab und es wird Tropfen in allen Farben des Regenbogens regnen.

Die Farbe verschwindet, bevor die Regentropfen auf die Erde fallen.

Garantiert keine Flecken und kein Dreck.

Tim Kehoe

Was ist das besondere an Vincent Shadows Rakete? Lies nach.

Experimente

Experimente helfen, die Welt zu verstehen. Forscher führen Experimente durch. Jetzt bist du eine Forscherin oder ein Forscher.

Luft und Wasser

Wasser mit Klebkraft

Bleibt das Wasser im Glas, wenn man es auf den Kopf stellt?

Du brauchst ...

1 Glas,
Wasser,
1 Bierdeckel oder 1 Stück Pappe

So geht's ...

Fülle das Glas halb voll mit Wasser. Lege den Deckel oben auf.

Halte ihn fest und drehe das Glas um. Dann lasse den Deckel los.

Was passiert?

❶ Der Deckel klebt fest, das Wasser bleibt im Glas.

❷ Der Deckel fällt ab. Das Wasser platscht heraus.

❸ Das Wasser tropft aus dem Glas.

Überlege: Warum ist das so?

Flinke Wirbelflieger

Was passiert, wenn du den Wirbelflieger loslässt?

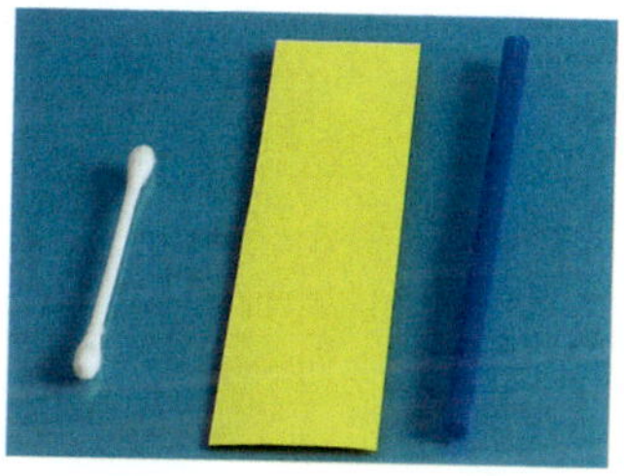

1 Stück Papier,
1 Trinkhalm,
1 Wattestäbchen

Du brauchst ...

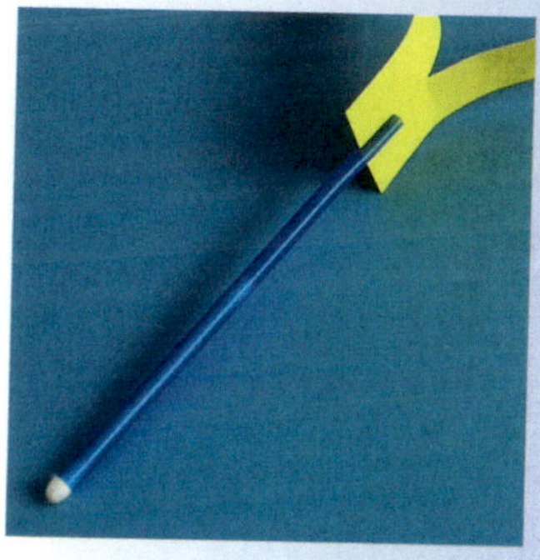

So geht's ...

Schneide das Papier so ein, wie du es auf dem Bild siehst. An einem Ende schneidest du einen Schlitz in den Halm und steckst den Papierstreifen hinein.

Klappe die Flügel nach außen und schiebe das Wattestäbchen in das andere Ende des Halms.

Was passiert?

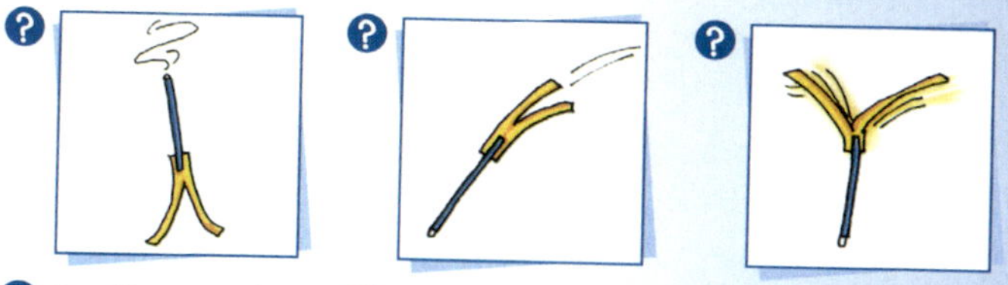

❶ Der Flieger trudelt kopfüber abwärts.

❷ Der Flieger flitzt wie ein Pfeil zu Boden.

❸ Die Flügel wirbeln wie ein Propeller.

Überlege: Warum ist das so?

Unbekannte Wörter klären (1)

- **Welches Wort kenne ich nicht?**
- **Ich lese die Stelle nochmals genau nach. Verstehe ich das Wort jetzt?**
- **Ich schreibe das Wort auf.**
  Ich frage jemanden danach oder schlage im Lexikon nach.

Dinosaurier

Das Wort „Dinosaurier“ bedeutet
„schreckliche Echse“.

Dinosaurier gehören zur Familie der Kriechtiere,
die vor vielen Millionen Jahren lebten.
Damals gab es noch keine Säugetiere.
Die Dinosaurier waren die mächtigste Tierart auf der Erde.

Unter den Dinosauriern gab es Vegetarier.
Das waren friedliche Tiere, die nur Pflanzen fraßen,
wie der Stegosaurus und der Triceratops.

Es gab aber auch gefährliche Raubtiere
wie den Tyrannosaurus Rex und den Diplodocus.
In der Luft flogen Flugsaurier,
im Meer schwammen Fischsaurier.

Zusammengesetzte Wörter lesen (1)

Lesetipp mit Flo und Flipp

Riesenwörter

Dino

Dinosaurier

Dinosaurierschwanz

Dinosaurierschwanzspitze

Dino

Dinosaurier

Dinosauriereier

Dinosauriereierschale

Schlangen

Schlangenhals

Schlangenhalsdino

Schlangenhalsdinosaurier

Es gibt noch mehr Riesenwörter zum Zerlegen:

Fleischfresser · Flugdinosaurier · Dinosauriernest · Schildkrötenei · Hinterfußzehe · Elefantenfußsaurier · Dinosaurierhals · Pflanzenfresser · Saurierkrallen · Saurierherde · Dinosaurierzeit · Paddelechse

Zusammen Sachen machen

Hilde Krüger: Der Widiwondelwald, 1924

Die Schere

Schnipp schnapp schnipp schnapp Schere
schneidet in die Leere
schneidet ins Papier
und das hört man hier:
schnipp schnapp schnipp schnapp schnipp schnapp schnapp
schnipp schnapp schnipp schnapp schnipp schnapp schnapp

Schnipp schnapp schnipp schnapp Schere
schneidet in die Quere
schneidet in die Breite
schneidet in die Seite
schnipp schnapp schnipp schnapp schnipp schnapp schnapp
schnipp schnapp schnipp schnapp schnipp schnapp schnapp

Schnipp schnapp schnipp schnapp Schere
schneidet ungefähre
Wellen aus vom Meere
und auch eine Fähre
bringt dich hin und her(e)
schnipp schnapp schnipp schnapp schnipp schnapp schnapp
schnipp schnapp schnipp schnapp schnipp schnapp schnapp

Erwin Grosche

Trage das Gedicht vor.
Du kannst dazu klatschen, mit den Fingern schnipsen
oder es mit Klangstäben begleiten.

Wolkenbrot

Als ich eines morgens die Augen aufmachte, regnete es draußen.
„Stehe auf! Es regnet.“ Ich weckte meine kleine Schwester
und nahm sie mit nach draußen.

Lange, wirklich lange schauten wir in den Regenhimmel.
„Nanu, was ist das?“ Eine kleine Wolke hat sich in den Ästen
eines Baumes verfangen.

Die kleine Wolke war ganz leicht.
Vorsichtig sammelten wir sie auf und trugen sie zu Mama.

1. Mama legte die Wolke in eine große Schüssel, …

2. … goss warme Milch und Wasser hinein und …

3. … gab Hefe, Salz und Zucker dazu.

4. Dann knetete sie den Teig …

5. … und formte ihn zu runden Brötchen.

6. „In zwanzig Minuten können wir leckere Brötchen frühstücken.“

Genau in dem Moment stürzte Papa herein.
„Du meine Güte! Ich bin viel zu spät dran!“
Papa konnte nicht warten, bis die Brötchen fertig waren.
Eilig griff er nach Schirm und Tasche und rannte los zum Büro.

Kurze Zeit später breitete sich ein köstlicher Duft in der ganzen Küche aus.
Mama öffnete vorsichtig den Ofen.

Die leckeren Wolkenbrötchen ...

... stiegen langsam in die Luft.

Wir aßen die Wolkenbrötchen und dann schwebten auch wir.

Ich steckte ein Wolkenbrötchen in eine Tüte, machte das Fenster auf und schwebte mit meiner kleinen Schwester hoch in den Himmel.

Baek Hee Na

Warum kann man mit Wolkenbrötchen fliegen? Lies nach.

Du hast selbst ein Wolkenbrötchen gegessen und kannst fliegen.
Was siehst du?

Rezept: Pizza-Schnecken

Teig

2 Esslöffel Quark
5 Esslöffel Milch
1 Ei
1 Päckchen Backpulver
300 g Vollkornmehl

Teig zubereiten:

Quark, Milch, Ei glatt rühren

Mehl mit Backpulver mischen, zum Quark geben und unterkneten

Mehl dazugeben bis der Teig nicht mehr klebt und in den Kühlschrank legen

Belag

1 Dose Tomatenmark
5-6 Esslöffel Käse, frisch gerieben
etwas Basilikum (getrocknet)
Oliven oder Champignons, kleingeschnitten
3 Esslöffel Olivenöl
3 Esslöffel Sonnenblumenkerne

Belag zubereiten:

Tomatenmark, Olivenstücke, Käse, Basilikum verrühren

So geht es:

Arbeitsplatte mit Mehl bestreuen, Teig dünn ausrollen

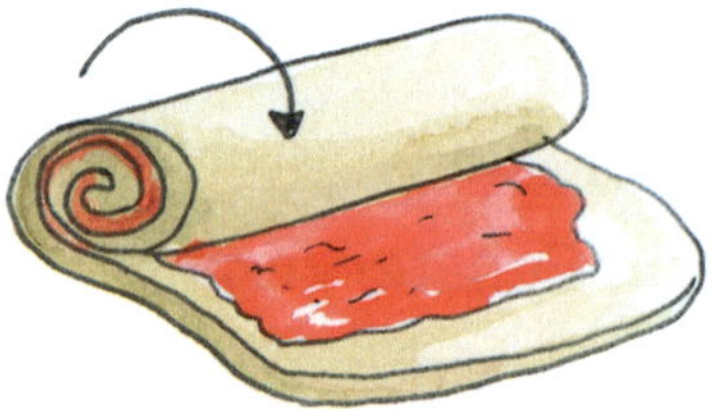

Belag darauf verteilen, aufrollen

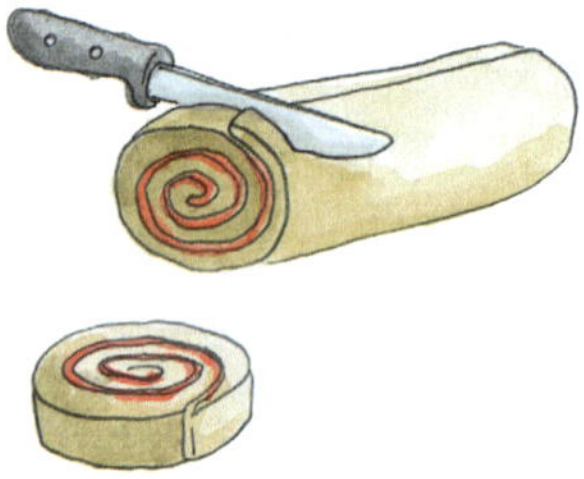

In Scheiben (3 cm dick) schneiden, mit dem Teigschaber flach drücken

Auf ein gefettetes Backblech legen, mit Öl bestreichen, mit Sonnenblumenkernen bestreuen

Im vorgeheizten Backofen bei 200 Grad (Stufe 3) auf der mittleren Schiene 25–30 Minuten knusprig backen

Guten Appetit!

Ich heiße Wanda und gehe in die zweite Klasse.
Deshalb kann ich jetzt schon alles schreiben,
nicht bloß meinen Namen.

Wir haben viele Kinder in der Klasse,
aber jetzt erzähle ich erst einmal von Katti.

Katti und ich kennen uns schon ganz lange. Sie ist meine beste Freundin.
Wir bleiben für immer zusammen.

Wir wollen nämlich Malerinnen werden.
Wir reisen zusammen um die Welt. Wir fahren nach Amerika,
nach Paris und nach Sonnenberg.

Ihr Namensplakat verrät schon sehr viel über Katti:

Manchmal überlegt Katti auch, ob sie doch lieber Indianerin werden will.
Aber ich rede ihr das immer aus. Als Indianerin braucht man ja wohl
schwarze Haare. Kattis Haare sind aber ein bisschen blond
und ein bisschen braun und ziemlich zottelig.

Dagmar Geisler

Gestaltet selbst Namensplakate.

Die Geschichte vom kleinen Regenbogengespenst

„Hu-hu-hu!“, heulte Spensti, das jüngste Schlossgespenst. Es geisterte hoch oben im höchsten Turm herum, dort wo zwischen den morschen Balken die Fledermäuse hausten. „Warum schreist du so laut?“, fragten die Gespenstergeschwister. „Es ist doch erst halb elf! Du darfst erst um Mitternacht herumspuken! Und eher gibt es nichts zu essen!“ „Was kann ich dafür, wenn in meinem Bauch immer so ein großes Loch ist!“, heulte Spensti.

„Um Mitternacht stelle ich die Reisschüssel oben auf die Balken! Nicht eine Minute früher!“, rief die Gespenstergroßmutter ungerührt. „Und dass du wirklich nur von der Schlagsahne und dem Eischnee und dem Weißbrot etwas nimmst! Die Kirschsoße der Schokoladenpudding und der Holundersaft, das ist etwas für die Großen, die sich nicht ständig rote und braune Flecken aufs Hemd kleckern!“ „Ich weiß, ich weiß“, heulte Spensti. „Wenn ich doch erst groß wäre! Immer das gleiche weiße Zeug essen, das ist so langweilig!“

Aber dann – es war fünf Minuten vor eins und die anderen Gespenster hatten sich schon alle satt und zufrieden und gähnend hoch oben in den Fledermausturm zurückgezogen – da passierte es doch! Spensti wollte heimlich mit dem Finger in die Kirschsoße langen und den Löffel mit dem Schokoladenpudding ablecken. Da kleckerte es aus Versehen einen großen roten und braunen Klecks genau auf die weiße Halskrause.

„Bist du wahnsinnig?“, jammerte die Gespenstergroßmutter und holte schnell das Scheuerpulver her. Spensti rubbelte und rubbelte. Doch auch mit Scheuersand und Gespensterschneeweißpulver gingen die Flecken nicht heraus. „Du musst dich beeilen!“, warnte die Großmutter. „Die Sonne geht bald auf. Die ersten Vögel fangen schon an zu singen. Die Geisterstunde ist längst vorbei!“ Da zog eine dunkle Wolke am Burgfenster vorüber.

„Hu-hu-hu“, prasselte der Regen herab. „Ich flieg schnell eine Runde über den Burggraben!“, rief Spensti. „Der Regen wird die Flecken schon herauswaschen.“ Aber was war das? Die ersten Sonnenstrahlen tanzten über die Baumwipfel. Ein wunderschöner bunter Bogen wölbte sich über den Schlossdächern.

„Komm zurück!“, schrie die Großmutter. Aber es war schon zu spät. Höher und höher schwebte Spensti, gerade in den bunten Bogen hinein. Sein weißes Gespensterhemd schillerte in den schönsten Regenbogenfarben.

„Herrlich!“, rief Spensti. „Nun ist kein Fleck mehr zu sehen. Bin ich nicht ein ganz besonderes und einmalig schönes Gespenst?“ Und wenn du einmal ein ganz buntes, lustiges Gespenst mit vielen bunten Flecken am Fenster vorbeifliegen siehst, dann weißt du, woher es seine schillernden Farben bekommen hat, nicht wahr?

Barbara Cratzius

Wähle einen Textabschnitt aus. Male dazu ein passendes Bild.

Besprecht, wer zu welchem Abschnitt ein Bild malt. Ordnet die Bilder. Jeder erzählt zu seinem Bild.

Lesestudio – Seite 68

Ein Bild zu einem Text

Lesestudio 6

- **Ich lese den Text oder einzelne Abschnitte.**
- **Ich male oder zeichne dazu.**
- **Ich vergleiche mein Bild mit dem Text.**

Das ist ein Olchi

Ein Olchi hat Hörhörner. Er hört Ameisen husten und Regenwürmer rülpsen. Die Knubbelnase riecht gern Verschimmeltes und faulig Stinkendes. Olchi-Haare sind so hart, dass man sie nicht mit einer Schere schneiden kann, sondern eine Feile braucht.

Olchi-Augen fallen gerne zu, denn ein Olchi ist stinkefaul und schläft für sein Leben gern, egal, ob es Tag ist oder Nacht. Olchi-Zähne knacken alles, Glas, Blech, Plastik, Holz oder Stein! In Schlammpfützen hüpfen die Olchis gern herum. Olchis freuen sich, wenn sie im Müll leckere Sachen finden. Sie essen und trinken am liebsten Scharfes, Bitteres und Ätzendes.

Ein Olchi wäscht sich nie. Daher stinkt er fein faulig. Fliegen lieben die Olchis, aber ihr Mundgeruch lässt die Fliegen oft abstürzen. Olchis sind stark. Einen Ziegelstein können sie 232 Meter weit werfen. In stinkigem Qualm fühlen sich die Olchis besonders wohl. Auch Autoabgase atmen sie gerne ein.

Erhard Dietl

Zusammengesetzte Wörter lesen (2)

Lesetipp mit Flo und Flipp

Versuche lange Wörter mit den Augen zu „teilen“!

Dann kannst du sie leichter lesen.

Die häufigsten Gespensterarten

Klappergespenster klappern mit allem,
was sie in die Hände bekommen.

Nebelgespenster schweben fast
unsichtbar in dichten weißen Nebelwolken.
Schleckt die Sonne den Nebel weg,
sind auch sie verschwunden.

Kellergespenster naschen gern.
Sie knabbern an allem Essbaren,
was sie im Keller finden können.

Feuergespenster knacken,
knistern und sind wasserscheu.
Lass sie nicht ins Haus.

Klopfgespenster klopfen an
Fenster und Türen – einfach nur so.

Schreckgespenster quieken
ganz fürchterlich. Gelegentlich
erschrecken sie sich dabei gegenseitig.

Hajo Blank

Es gibt noch mehr Gespensterarten:

Waldgespenster, Schulgespenster, Frühlingsgespenster, Schrankgespenster, Kellergespenster, Aufräumgespenster …

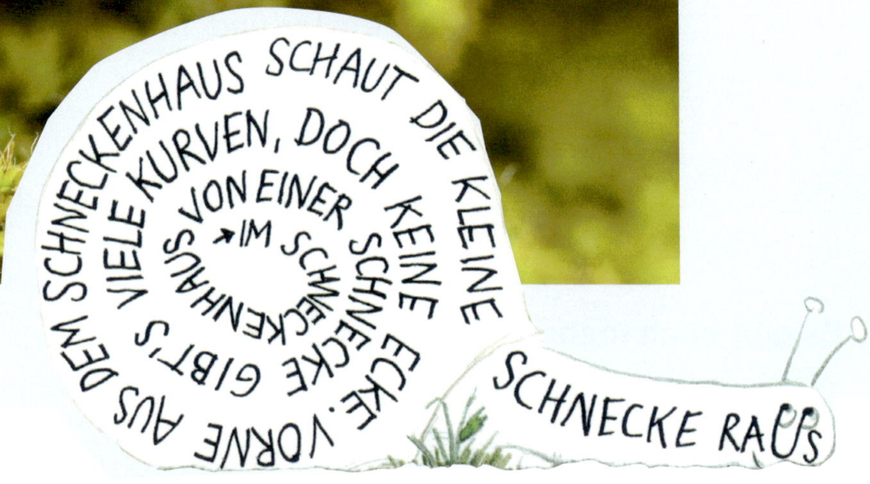
VON EINER SCHNECKE
IM SCHNECKENHAUS GIBT'S VIELE KURVEN, DOCH KEINE ECKE. VORNE AUS DEM SCHNECKENHAUS SCHAUT DIE KLEINE SCHNECKE RAUS

Wie Tierkinder schlafen

Wie schlafen Bärenkinder?
In Höhlen geschmiegt.
Wie schlafen Entenkinder?
Von Wellen gewiegt.

Und Kängurukinder?
In Taschen gekuschelt.
Und Muschelkinder?
In Schalen gemuschelt.

Und Murmeltierkinder?
Tief unterm Stein.
Und Flamingokinder?
Auf einem Bein.

Und Karpfenkinder?
In Schilfverstecken.
Und Fledermauskinder?
Sie hängen an den Decken.

Und Affenkinder?
Gewickelt um Äste.
Und Nashornkinder?
Die schnarchen so fest,
wie Räuber, hu-hu!
Und nun schlaf auch du!

Hans Baumann

Tragt das Gedicht in der Klasse vor.
Ihr könnt dies mit Instrumenten oder Bewegungen begleiten.

Du sollst jede Zeile des Gedichtes auf einen Blick lesen können.
Überlege, mit wem du übst.

Das kleine Eichhörnchen

Das kleine Eichhörnchen sammelt Vorräte für den Winter.

Es vergräbt Eicheln unter einem großen Stein.
Es versteckt Haselnüsse und Bucheckern unter einer Wurzel.

Schließlich klettert das kleine Eichhörnchen in die Baumkrone hinauf.
Fröhlich springt es von Ast …

… zu Ast, bis es müde ist und in sein Nest aus Zweigen und Halmen schlüpft.

In der Nacht kommt der erste Schnee. Als das kleine Eichhörnchen erwacht, hat es großen Hunger. Es schlüpft aus dem Nest.

Aber heute sieht alles ganz fremd aus! Aufgeregt gräbt das kleine Eichhörnchen im Schnee.

Wo sind die Vorräte jetzt? Da fegt ein Windstoß die Schneehaube von einem großen Stein.

Das hungrige Eichhörnchen hat einen Teil seiner Vorräte wiedergefunden.

Susanne Riha

Wie sorgt das Eichhörnchen für den Winter vor?
Warum findet das Eichhörnchen seine Vorräte manchmal nicht?
Lies nach.

Tierische Schlafenszeiten

Tiere verbringen ihre Schlafenszeiten unterschiedlich. Die Fledermaus hängt sich kopfunter an Höhlendecken oder Äste und verschläft den Tag. Kühe und Pferde legen sich zum Schlafen nur dann hin, wenn sie sich ganz sicher fühlen. Zebras schlafen wenig. Sie müssen stets auf der Hut sein. Der Löwe ist ein Vielschläfer. Er schläft nach einer Jagd sehr lange. Hoch in den Urwaldbäumen bauen sich die Gorillas ein Schlafnest. Der Koalabär verbringt die längste Zeit seines Lebens schlafend in einer Astgabel. Am wenigsten schläft die Zwergspitzmaus. Sie muss fast ununterbrochen fressen, um zu überleben.

So viele Stunden schlafen die Tiere:

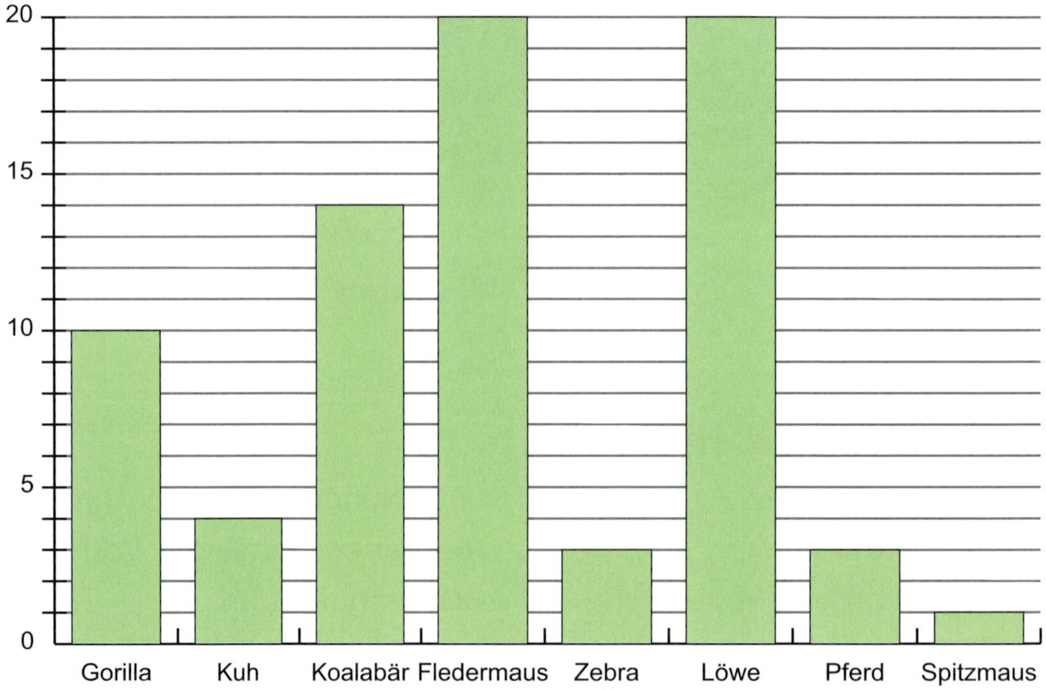

Was erfährst du über die unterschiedlichen Schlafenszeiten der Tiere? Vergleiche mit einem anderen Kind.

Forsche nach weiteren Informationen: in Sachbüchern, im Internet ...

Welches Haustier passt zu mir?

Du willst ein Haustier haben: Katze oder Meerschweinchen, Hund oder Wellensittich? Jedes Tier hat seine ganz eigenen Ansprüche.

Wellensittiche

Wellensittiche sind nicht gern allein. Ihr Käfig muss möglichst groß sein. Er sollte Stangen in unterschiedlicher Höhe enthalten. Dann können die Vögel kleine Sprünge machen. Einmal am Tag brauchen sie einen Freiflug im Zimmer. Wellensittiche picken gerne Körner.

Katzen

Katzen sind eigenwillige Haustiere. Sie lassen sich ungern erziehen. Eine Katze muss sich erst an ihren Besitzer gewöhnen. Dann spielt und kuschelt sie gerne.
Am liebsten schläft die Katze in einem eigenen Korb.
Sie frisst Trockenfutter, Feuchtfutter und Grünzeug.

Fische

Für Fische musst du ein Aquarium einrichten. Für Anfänger ist ein Süßwasser-Aquarium besser geeignet. Es ist einfacher zu pflegen und günstiger in der Anschaffung. Jedes Aquarium muss ein paar Wochen unbewohnt sein. Dann können sich nützliche Bakterien entwickeln. Jeder Fisch benötigt ungefähr drei Liter Wasser im Aquarium.

Schaubilder:

Zeit:	●●○○○
Platz:	●●○○○
Kosten:	●●○○○
kuscheln:	●●○○○

Zeit:	●●●○○
Platz:	●●●●○
Kosten:	●●●●○
kuscheln:	●●●●●

Zeit:	●○○○○
Platz:	●○○○○
Kosten:	●●○○○
kuscheln:	○○○○○

Wähle einen Text über ein Haustier aus. Schreibe aus dem Text fünf wichtige Wörter auf. Kannst du jetzt Wichtiges über das Haustier berichten?

Lesestudio – Seite 78

Das kleine Känguru und seine Freunde

Hinter dem Haus spannen der kleine Bär und das kleine Känguru die Wäscheleine auf und hängen eine Decke darüber. Das soll das Zirkuszelt sein. Dann gucken alle erwartungsvoll die Schlabberschlange an. „Ssso, nun geht´sssss losssss!“, sagt sie. Vor Aufregung zischt sie noch stärker als sonst. „Beim Zirkus zeigt jeder, was er kann. Natürlich muss es etwas Besonderes sein. Und danach klatschen alle Zuschauer.“ „Kannst du auch etwas Besonderes?“, fragt eine der Mäuse. „Ich kann über acht Äpfel balancieren“, sagt die Schlabberschlange. „Holt mir acht Äpfel, dann zeige ich es euch.“

Das kleine Känguru, der kleine Hund und der kleine Bär legen acht Äpfel auf den Boden. (Da sie keine acht haben, legen sie eine Birne und einige Orangen mit dazu.) Die Schlabberschlange setzt eine feierliche Miene auf und ruft:

„So nun kommt die schöne lange,
grün getupfte Schlabberschlange.
Gleich wird sie vor allen Tieren
über Äpfel balancieren!“

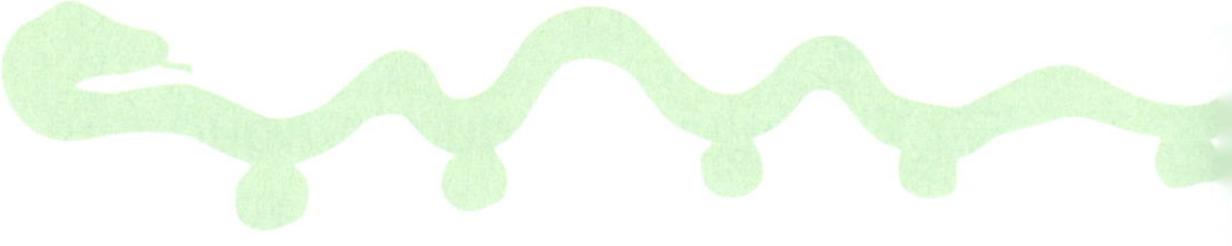

Dann ringelt sie wirklich von Apfel zu Apfel, ohne ein einziges Mal den Boden zu berühren. Das kleine Känguru, die Ente, der kleine Hund, der kleine Bär und die Mäuse klatschen Beifall.

„Jetzt weiß ich wie Zirkus geht“, sagt das kleine Känguru. „Ich kann auch was Besonderes. Wartet, ich zeig's euch!“ Es holt seine Stelzen, stelzt darauf vor den anderen auf und ab und ruft dabei:

„Auf Stelzen geht das Känguru
und alle Tiere schauen zu!“

Die Ente, der kleine Hund, der kleine Bär und die Mäuse klatschen Beifall. Schnell holt die Ente auch ihre Stelzen, setzt sich einen spitzen, roten Hut auf den Kopf und schreit:

„Die Ente mit dem roten Hut
stelzt mindestens genauso gut!“

Der kleine Hund, der kleine Bär und die Mäuse klatschen Beifall.
Nun holt der kleine Hund einen großen roten Hüpfball,
stellt sich darauf und ruft:
*„Der Ball ist rot, der Ball ist rund
und auf dem Ball, da steht der Hund!“*

Der kleine Bär und die Mäuse klatschen Beifall.
Danach holt der kleine Bär sein Einrad,
fährt zwischen dem kleinen Känguru
und der Ente hin und her und ruft:
*„Aufgepasst, jetzt fährt der Bär
mit seinem Einrad hin und her!“*

Die Mäuse klatschen Beifall.
Natürlich wollen auch sie etwas Besonderes vorführen.
Sie klettern auf das Seil, verknoten sich ineinander und bilden eine lebende Kette.
Sie haben sich auch einen Spruch ausgedacht und rufen im Chor:
*„Mutig wagt sich Maus und Maus
auf das Wäscheseil hinaus!“*

Das kleine Känguru fragt:
„Warum klatscht denn bei den Mäusen keiner Beifall?
Das war doch wirklich was Besonderes.“
„Wer soll denn klatschen?“,
sagt die Schlabberschlange.

„Merkst du es denn nicht?
Es gibt keine Zuschauer mehr.
Alle machen mit!“

Paul Maar

Welche Tiere machen bei der Zirkusvorführung mit?
Was führt jedes Tier vor?
Lies nach.

- **Ich lese den Text.**
- **Ich schreibe wichtige Wörter (Stichwörter) auf.**

Wie Tiere schlafen

Wenn du schlafen gehst, kuschelst du dich in dein Bett.
Du schließt die Augen. Auch Tiere müssen schlafen.

So schlafen Giraffen:
Giraffen brauchen wenig Schlaf.
Für etwa zwei Stunden pro Tag
schließen sie die Augen.
Die Tiere legen sich auf den Boden.
Sie drehen ihren langen Hals nach hinten
und betten ihren Kopf
auf den eigenen Po.
Wer so beweglich ist,
braucht kein Kissen.

Den Blick erweitern

Lesetipp mit Flo und Flipp

Der Schlabberschlangen-Tanz

Schla - schlu - schla - Schlabberschlabbura!
Schlu - schla - schlu - Schlabberschlabburu!

Schlängel dich,
schlängel dich,
Schlabberschlaburu,
und wackel immerzu.

Wenn
Wenn du Angst
Wenn du Angst vor Schlangen hast,
Wenn du Angst vor Schlangen hast, sing die Melodie!
Hört sie dieses Schlabberlied, beißt die Schlange nie.

Schla - schlu - schla, …

Die
Die Schlabberschlange
Die Schlabberschlange mag Musik
Die Schlabberschlange mag Musik und liebt den Schlangentanz.
Sie hebt den Kopf, sie wiegt den Bauch und schlängelt mit dem Schwanz.

Schla - schlu - schla, …

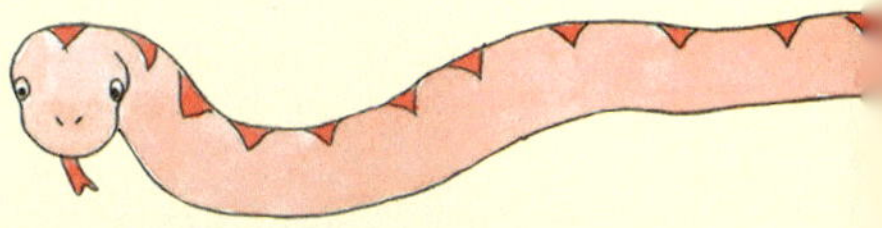

Kaum
Kaum dringt die
Kaum dringt die Schlangenmelodie
Kaum dringt die Schlangenmelodie ans Schlabberschlangenohr,
schon kommt sie aus dem Korb heraus und tanzt dir etwas vor.

Schla - schlu - schla, …

Paul Maar

ALLIGATORWART

BIKINILPFERD

MAMARSMENSCH

OMAMMUT

Spiel mit Wörtern

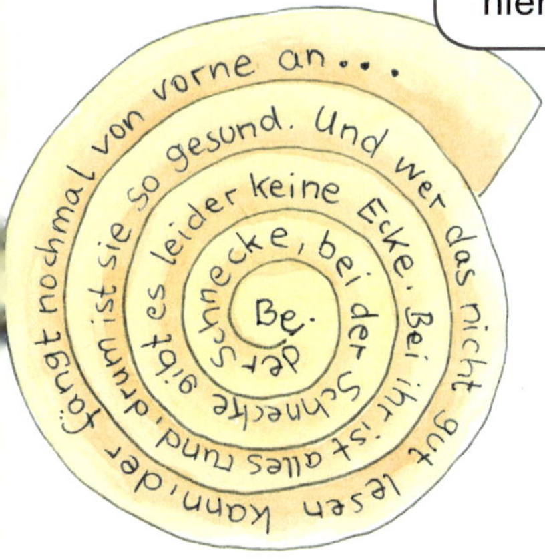

Kannst du die Wörter auf der Rutsche schnell und genau lesen?
Lies sie einem anderen Kind schnell und richtig vor.

Lesetipp – Seite 89

Der Beste im Tor

Benjamin legt den Ball auf den Rasen und nimmt Anlauf. Benjamin schießt mit voller Wucht. Bobby springt, streckt sich und fängt den Ball.

„Hurra! Wieder gehalten“, schreit Bobby. Dabei freut er sich wie ein kleines Kind. Benjamin freut sich mit. Obwohl er kein Tor geschossen hat.

Denn die beiden sind Brüder. Bobby ist schon zwölf. Doch tatsächlich ist er wie ein kleines Kind. Er ist geistig behindert. Manches versteht er nicht. Aber im Tor hält er fast jeden Ball. Benjamin dagegen ist sieben. Er kümmert sich sehr um seinen großen Bruder.

Er bringt ihn morgens zur Schule. Er holt ihn auch wieder ab. Am Nachmittag spielen sie oft zusammen Fußball.

In der Nähe gibt es keinen Fußballplatz. Es gibt nur den Spielplatz im Park. Ein Klettergerüst und eine Rutsche sind da. Im Sandkasten buddeln kleine Kinder. Auf den Bänken sitzen Erwachsene und schauen zu.

Daneben ist die Wiese, auf der die Brüder immer spielen. Manchmal liegen Hundehaufen da. Manchmal ärgern sich die Erwachsenen, weil Fußball spielen sie stört oder Bobbys Schreien und Lachen. „Ätsch!“, schreit Bobby glücklich. „Du hast noch kein Tor geschossen!“

Benjamin legt den Ball zurecht. Ein Mann mit einer Zeitung guckt verärgert herüber. Benjamin schießt. Bobby wehrt den Ball mit der Faust ab. Er fliegt in hohem Bogen in den Sandkasten.

Sofort kreischt ein kleiner Junge: „Papa! Der hat meine Burg kaputt gemacht!“

Volmar Röhrig

Was erfährst du über Bobby? Was machen die anderen Personen im Park? Lies nach.

Wie geht die Geschichte wohl weiter?

König Hupf der Erste

Es war einmal ein König. Er lebte in einer mächtigen Burg in einem großen Land. Er hatte so viel Arbeit, dass er nie Zeit für Spaß und Spiele fand. Sein Kopf war angefüllt mit Sorgen, die ihn nicht einschlafen ließen; es sei denn, er konnte ein wenig in seinem Bett hüpfen.

So kletterte er auf einen der elfenbeinernen Bettpfosten und hüpfte kopfüber in die seidenen Kissen. Immer und immer wieder. „Das macht Spaß! Höher! Höher! Juchu!“, rief der König.

Eines Nachts beobachtete ihn ein Minister durch das goldene Schlüsselloch. „Nanu“, rief er, „was macht der König da?“, und am nächsten Tag wusste es das ganze Land: Der König hüpft nachts im Bett!

Die Leute riefen sich zu: „Haben Sie schon gehört? Der König hüpft nachts im Bett! Das ist ja unerhört!“ Sogar die Tiere des Königs, die Hofhunde, die Palastkatzen, die Hühner, die Gänse, die Schweine und die Kühe flüsterten es einander zu: „Der König hüpft nachts im Bett!“

Besorgt traten Minister, Edle und Weise des Hofes zusammen. „Es ist unter der Würde eines Königs, im Bett Purzelbäume zu schlagen. Wir müssen das verbieten!“, beschlossen sie.

Sie legten dem König das neue Gesetz vor. „Hier müsst ihr unterschreiben, mein König, es eilt“, sagte der Erste Minister. Der Diener las das Gesetz vor: „Es ist im ganzen Land verboten, im Bett zu hüpfen.“

„Aber warum denn?“, rief der König, „das Hüpfen macht doch so viel Spaß!“ „Das Hüpfen ist zu gefährlich, es könnten Unfälle passieren“, erklärte der Minister. So blieb dem König nichts anderes übrig, als das Gesetz zu unterschreiben.

Er wurde sehr traurig und wanderte ruhelos in mondhellen Nächten durch seine Parks. „Ich kann nicht mehr schlafen“, murmelte er. Die Sorgen drückten ihn so sehr, dass er schwer erkrankte. Die weisesten und berühmtesten Ärzte wurden an sein Krankenbett gerufen, aber ihre Medizin versagte.

Er äußerte eine letzte Bitte: „Lasst mich noch einmal hüpfen!“ Behutsam wurde er auf den elfenbeinernen Bettpfosten gehoben, da er sehr schwach geworden war. Dann hüpfte der König. Während er durch die Luft flog, lächelte er. Je öfter er hüpfte, desto fröhlicher und stärker fühlte er sich.

Er sah so glücklich aus, dass plötzlich auch die Ärzte zu hüpfen begannen, danach die Minister, und zuletzt hüpfte der ganze Hofstaat. Dann hüpfte die Stadt und das ganze Volk. Alle lachten und weinten vor Freude und riefen: „Lang lebe unser König Hupf!“

Helme Heine

Ihr könnt das Märchen spielen.
Schaut auf der nächsten Seite nach.

Welche Personen kommen in dem Text vor? Was tun sie?
Was geschieht? Sucht in der Gruppe die Antwort im Text.

Lesestudio – Seite 88

Wir spielen Theater: König Hupf der Erste

Wer spielt mit? Woran erkennt man die einzelnen Personen? Was nehmen wir für das Bett, das Schlüsselloch, …?

So könnte das Stück beginnen:

1. Szene: Der König hüpft

Der König geht auf und ab. Er murmelt vor sich hin.

Sprecher: Es war einmal ein König. Er lebte in einer mächtigen Burg
in einem großen Land. Er hatte so viel Arbeit,
dass er nie Zeit für Spaß und Spiele fand.

König: Nun, es ist schon spät. Alle schlafen.
Ich gehe jetzt auch ins Bett.

Sprecher: Sein Kopf war angefüllt mit Sorgen,
die ihn nicht einschlafen ließen;
es sei denn, er konnte ein wenig in seinem Bett hüpfen.
So kletterte er auf einen der elfenbeinernen Bettpfosten
und hüpfte kopfüber in die seidenen Kissen.
Immer und immer wieder.

Der König beginnt in seinem Bett zu hüpfen und wird immer fröhlicher.

König: Das macht Spaß! Höher! Höher! Juchu!
Und noch einmal! Hops! Hui! Toll!

Sprecher: Eines Nachts beobachtete ihn ein neugieriger Minister
durch das goldene Schlüsselloch.

Ein Minister schleicht sich an. Er schaut durch das Schlüsselloch.

…

Wie geht das Theaterstück weiter?

Spaß in der Freizeit: Unsere Hobbys

Die 26 Kinder der Klasse 2 a haben eine Umfrage durchgeführt.
Sie wollten herausfinden, was die Kinder am liebsten in ihrer Freizeit tun.
Jedes Kind nimmt einen Baustein und legt ihn in die Schachtel,
auf der sein Hobby steht:

Aus den Steinen werden Türme:

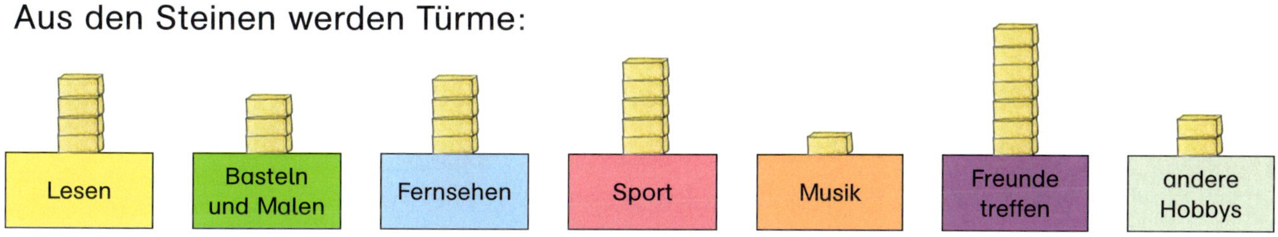

Die Lehrerin zeichnet die Türme an die Tafel:

Schaubilder kann man lesen:

- Welches Hobby haben die meisten Kinder?
- Welches Hobby wird am wenigsten genannt?
- Welche Lieblingsbeschäftigung haben gleich viele Kinder?
- Wie viele Kinder lieben Sport?
- Wie viele Kinder nennen Basteln und Malen als ihr Hobby?

Führt die Befragung in eurer Klasse durch.
Erstellt ein Schaubild.

Fragen zum Text stellen und beantworten (1)

- **Ich lese den Text und stelle Fragen:**
  Welche Personen sind in der Geschichte wichtig?
  Was tun sie?
  Was geschieht?
- **Ich suche zu jeder Frage die Antwort im Text.**

Die Geschichte vom lustigen Mädchen

Ein Mädchen wollte nicht immer tun, was alle tun. Das fand es langweilig. Darum ging es nur noch rückwärts durch die Tür. Dabei überrannte es einmal den Großvater, und das tat dem Mädchen leid. Es gewöhnte sich das Rückwärtsgehen wieder ab.

Aber wenn jetzt jemand „Guten Morgen“ sagte, antwortete das Mädchen „Gute Besserung!“, und wenn ihm jemand „Guten Appetit!“ wünschte, sagte es „Glückliche Reise!“, und wenn jemand niesen musste, rief es: „Herzlich Willkommen!“, und wenn es aus Versehen einem auf den Fuß trat, sagte es zur Entschuldigung: „Fröhliche Ostern!“.

Darüber ärgerten sich manche Leute und das Mädchen gewöhnte sich auch dies wieder ab.

Von nun an setzte es sich beim Essen auf den Tisch und stellte den Teller auf den Stuhl.

Ursula Wölfel

Lesetipp mit Flo und Flipp

Wo manche Worte wohnen

Das Wort „aus“ wohnt in einem richtigen Haus,
doch zugleich in der Jause, in der Maus und in der Laus.

Das Wort „und“ wohnt im Hund, im Grund und im Schlüsselbund,
in der Stunde, in der Runde und im Namen Rosamunde.

Das Wort „ein“ wohnt im Schwein und im Mondenschein,
in Steinen, in Beinen und in Hundeleinen.

Das Wort „um“ wohnt in der Blume
und in der Krume

und meine Freundin Anne wohnt in der Wasserkanne,
in Tannen, Pfannen und Badewannen.

Und wo wohnt das Wort „ach“?
Im Bach.
Im Krach.
Im Lachen
und in vielen
anderen Sachen.

Vera Ferra-Mikura

So fern und doch so nah

Nach Millionen von Jahren findet man manchmal in Steinbrüchen oder an Flussufern Versteinerungen. Man nennt sie auch Fossilien.

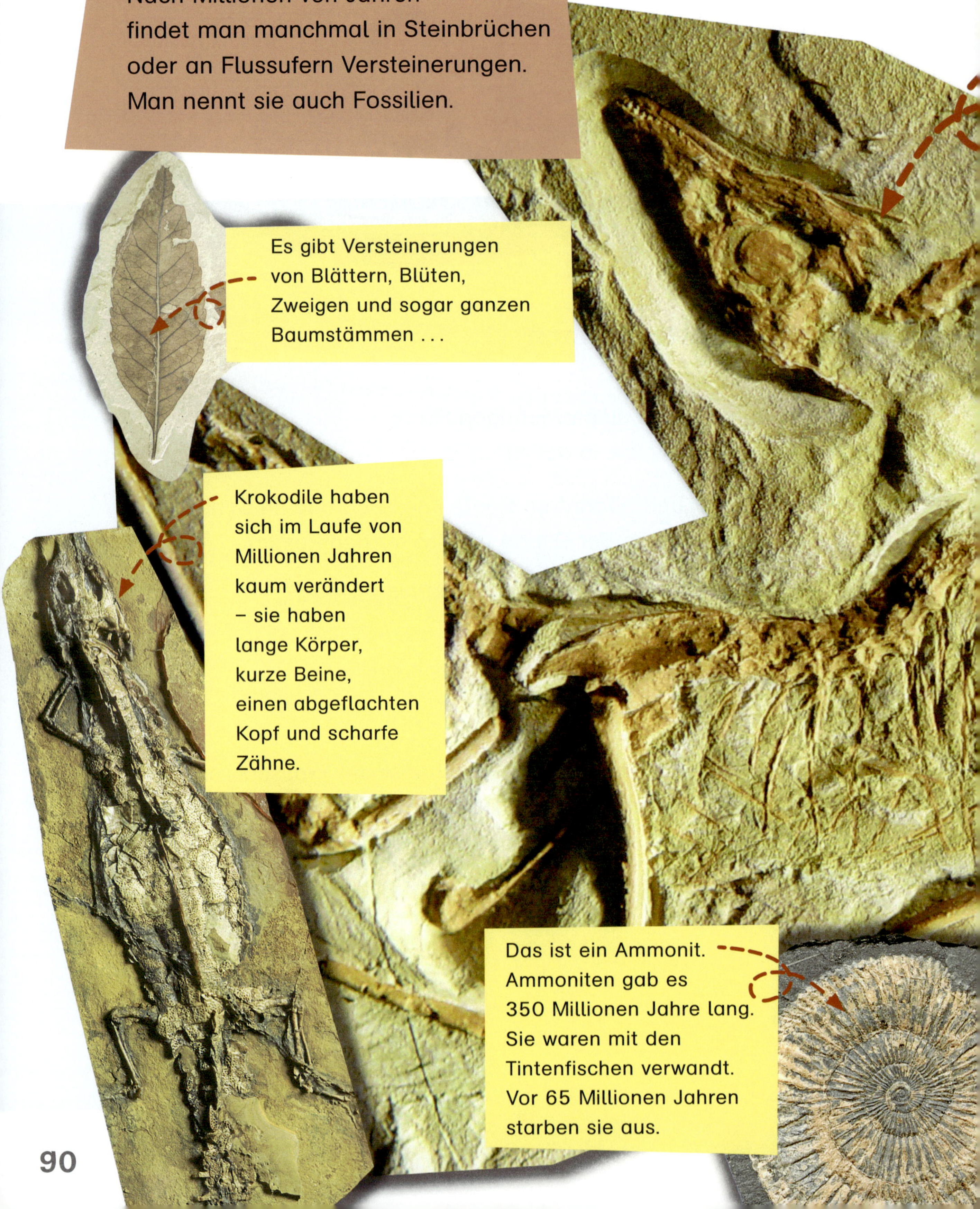

Es gibt Versteinerungen von Blättern, Blüten, Zweigen und sogar ganzen Baumstämmen ...

Krokodile haben sich im Laufe von Millionen Jahren kaum verändert – sie haben lange Körper, kurze Beine, einen abgeflachten Kopf und scharfe Zähne.

Das ist ein Ammonit. Ammoniten gab es 350 Millionen Jahre lang. Sie waren mit den Tintenfischen verwandt. Vor 65 Millionen Jahren starben sie aus.

Der erste Vogel lebte vor 150 Millionen Jahren. Seine bisher nur in Deutschland gefundenen Fossilien gelten als die Wertvollsten der Welt.

Auch diese Libelle hat Spuren hinterlassen. Sogar die zarten Flügel und Beine kann man noch deutlich erkennen.

Bei diesem Fisch sind die Knochen und auch die Flossengräten besonders gut erhalten.
In manchen Gebieten findet man versteinerte Fischskelette in großen Mengen. Häufiger sind aber Zahnfunde, besonders von Haien.

Die ersten Schildkröten konnten im Gegensatz zu heutigen Arten ihren Kopf, ihre Beine und ihren Schwanz wahrscheinlich nicht unter den Panzer ziehen.

Planeten – die Begleiter der Sonne

Die Sonne spendet Wärme, Licht und Leben.
Wenn die Sonne nicht auf die Erde herabschiene, gäbe es keine Menschen, keine Tiere und keine Natur!
Die Sonne ist riesengroß.

Wenn die Sonne so groß wie ein Globus wäre, wäre die Erde so klein wie ein Stecknadelkopf.

Der Mars ist nur halb so groß wie die Erde. Heftige Staubstürme fegen über seine rotbraune, öde Felslandschaft.

Der Planet Merkur steht der Sonne am nächsten.
Tagsüber ist es dort unerträglich heiß, nachts unvorstellbar kalt.

Auf der Venus ist es drückend heiß.
Sie ist von dichten Wolken umhüllt.

Nur auf der Erde können Menschen, Tiere und Pflanzen leben.
Sie hat den richtigen Abstand zur Sonne, sodass es nicht zu heiß oder zu kalt ist.
Hier gibt es Wasser, ohne das kein Leben möglich ist.

Planeten sind Himmelskörper, die um die Sonne kreisen. Unser Sonnensystem hat acht Planeten.

Der Planet Jupiter ist der Riese unter den Planeten: Er ist tausendmal größer als unsere Erde.

Weit entfernt von der Sonne zieht der Uranus seine Bahn.

Auch der Saturn ist riesengroß. Auffällig sind seine leuchtenden Ringe.

Der Neptun ist dem Uranus ähnlich. Auf ihm toben gewaltige Stürme.

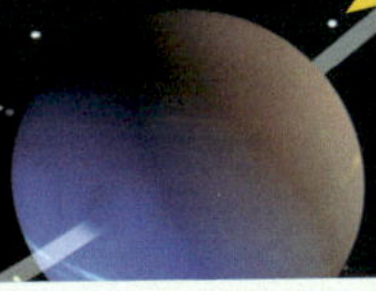

Auf diesen Bildern wurden alle Planeten nebeneinander gestellt. So kannst du ihre Größen miteinander vergleichen.

Schreibe die Namen der Planeten auf.

Die ersten Menschen auf dem Mond – Kennst du dich aus?

Wie weit ist der Mond von der Erde entfernt?

Der Flug des Raumschiffs „Apollo 11" zum Mond dauerte drei Tage.

Wann betraten die ersten Menschen den Mond?

Für die Erkundungsfahrten benutzten sie ein Mondauto.

Mit dem Mondauto erkundeten die Astronauten den Mond.

Wie lange dauerte die Reise zum Mond?

Der Mond ist 400.000 Kilometer von der Erde entfernt.

Wer betrat den Mond zuerst?

Es waren Edwin Aldrin und Michael Collins.

Wer waren die anderen Astronauten?

Nach acht Tagen landeten sie wieder auf der Erde.

Womit erkundeten die Astronauten den Mond?

Am 21. Juli 1969 betraten die ersten Menschen den Mond.

Wann landeten sie wieder auf der Erde?

Neil Armstrong, der Kapitän, betrat den Mond als erster Mensch.

Finde die passenden Antworten zu den Fragen.

Wir fragen – ein Astronaut antwortet

Warum tragen Astronauten Raumanzüge?
Im Weltall gibt es keine Atemluft.
Je nach Sonneneinstrahlung wird es sehr heiß oder sehr kalt. Außerhalb des Raumschiffes würden Astronauten ohne Raumanzug sterben.

Warum schweben Astronauten im Weltall?
Im All herrscht eine sehr geringe Anziehungskraft, auch an Bord eines Raumschiffes.
Ohne Anziehungskraft, die sie nach unten zieht, schweben die Raumfahrer wie ein Luftballon!

Wie schlafen Astronauten?
Astronauten schlafen in Schlafsäcken, die festgeschnallt sind, damit sie nicht davonfliegen. Sie müssen ihre Arme festklemmen oder anbinden, damit diese nicht im Schlaf herumrudern.

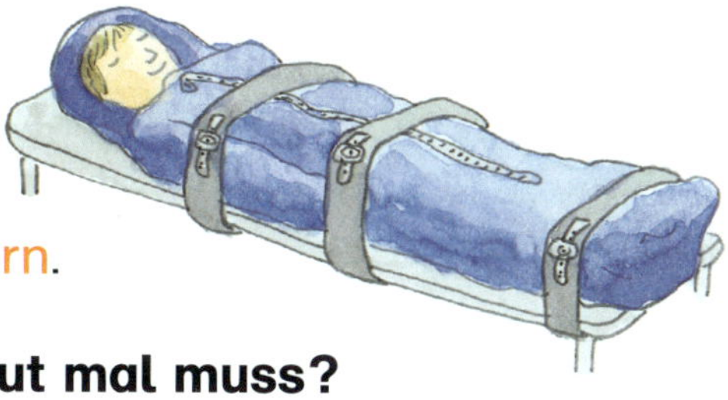

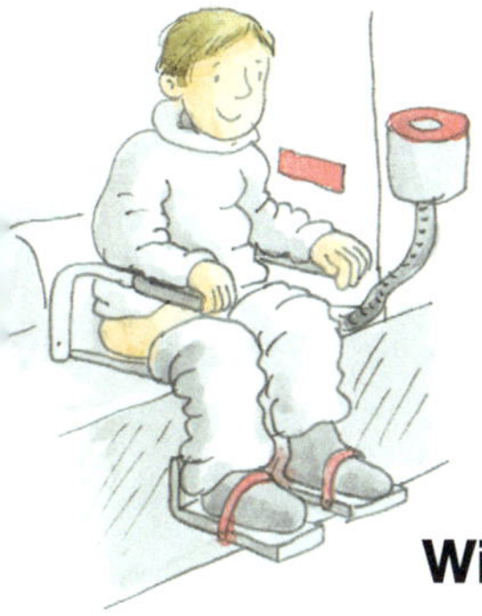

Was ist, wenn ein Astronaut mal muss?
Wenn ein Astronaut die Toilette benutzt, muss er sich anschnallen. Sonst würde er davonschweben.
Weltraumtoiletten haben keine Wasserspülung, alles wird abgesaugt.

Wie essen Astronauten?
Essen und Trinken ist in der Schwerelosigkeit gar nicht so einfach. Es gibt vor allem Fertiggerichte, die mit etwas Wasser in der Mikrowelle zubereitet werden.
Alles Essen ist in Plastiktüten oder Tuben verpackt.

nach Carol Stott

Was würdest du eine Astronautin oder einen Astronauten fragen?
Was hast du im Text Neues erfahren? Schreibe eine eigene Frage auf und stelle sie der Klasse.

Lesestudio – Seite 98

Notruf vom Planeten Borus

Das ist Mick.

„Zeit für ein Abenteuer, Mo!“, sagte Mick. „Na gut!“, brummte Mo. Sie holten die Raumfahrer-Helme und luden die Wasserpistolen. Vorsichtshalber. Dann krochen sie unters Bett. Denn dort wohnte das Abenteuer.

Bald leuchtete im Dunkeln ein roter Knopf auf. Mick drückte drauf. Eine Tür glitt auf und sie standen zwischen den Beinen eines riesigen Raumschiffes. Silbern wie der Mond war es und aus der Einstiegsluke schaute ein Roboter.

Das ist Mo.

„Ah, Captain Mick! Pelzmann Mo! Endlich, klick!“, rief er. „Was gibt’s denn, Schraube?“, fragte Mick und kletterte ins Raumschiff.

„Notruf vom Planeten Borus, klick!“, antwortete der Roboter. „Keine Sorge, Schraube!“, brummte Mo und setzte sich ans Steuer. „Das machen wir schon.“

Das ist Schraube.

Dann flogen sie los. Mit neunfacher Lichtgeschwindigkeit. Sie flogen und flogen – tief in das Gefunkel der Sterne.

Endlich tauchte Borus zwischen den Sternen auf. Ein winziger Planet, grün wie Waldmeister-Pudding. „Borus, Zwergenplanet!“, meldete Schraube, „203 Vulkane, 15 fleischfressende Pflanzen, 2 Millionen und 1 Käfer.“ Es war nicht leicht, zwischen all den Vulkanen und Käfern zu landen. Aber Mo schaffte es.

Schraube fuhr die Antennen aus und zeigte auf den einzigen Vulkan, der nicht qualmte.

„Das Notsignal kommt von dort, klick!“, schnarrte er. „Sollen wir da etwa raufklettern?“, brummte Mo und betrachtete besorgt seine Pelzfüße.

Aber Schraube schaltete seinen Raketen-Antrieb ein und schwebte mit ihnen hinauf zum Kraterrand.

Im Krater war es stockdunkel, dunkler als Mos Gorilla-Fell. „Hallo?“, rief Mick hinunter. „Braucht da unten jemand Hilfe?“ Die Antwort war ein abscheuliches Lachen.

„Weg hier, klick!“, rief Schraube und startete seinen Raketen-Antrieb. Aber da fuhr auch schon eine riesige Schuppenhand aus dem Krater und packte sie.

Cornelia Funke

Was passiert nach der Landung?
Was erfährst du über den Planeten Borus?
Lies nach.

Fragen zum Text stellen und beantworten (2)

Lesestudio 9

- **Ich lese den Text und stelle Fragen:**
  Was habe ich Neues erfahren?
  Was interessiert mich noch?
  Wo finde ich Antworten auf meine neuen Fragen?

So sind die Raumfahrer ausgerüstet

Die Astronauten tragen dicke Raumanzüge.
Der Anzug schützt vor Strahlung und Sonnenlicht.

In dem Anzug sind Wasserleitungen zum Abkühlen eingebaut.

Ein eingebautes Kontrollsystem meldet, wenn etwas nicht in Ordnung ist.

Im Helm befinden sich Kopfhörer und Mikrofon. So können sich die Raumfahrer unterhalten.

Auf dem Mond gibt es keine Luft zum Atmen.
Ein Gerät im Rucksack versorgt die Astronauten mit Sauerstoff.

Unvollständige Wörter lesen

Lesetipp mit Flo und Flipp

Ich kann die Wörter lesen, ...

... obwohl sie nicht ganz zu sehen sind.

Himmelskörper

Im Raketenflug vorbei

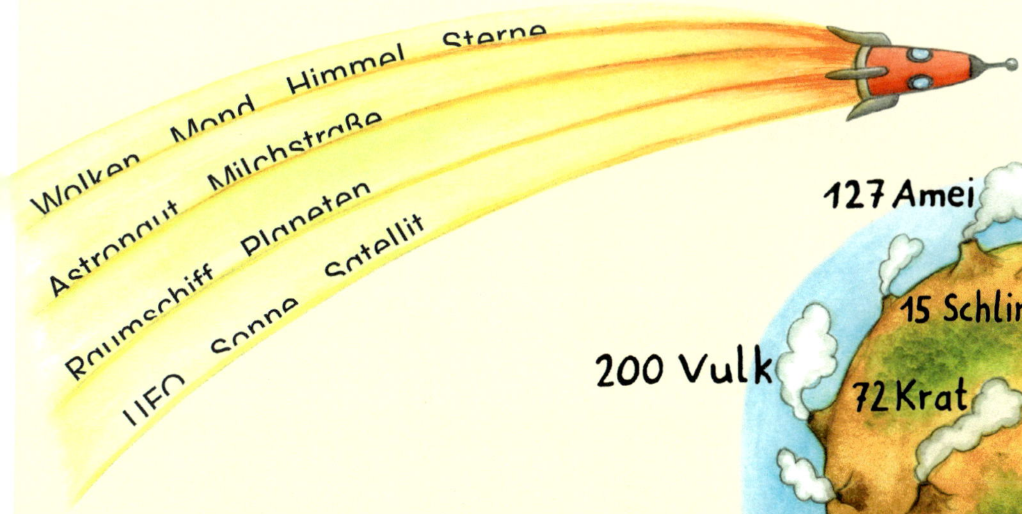

Planet X207

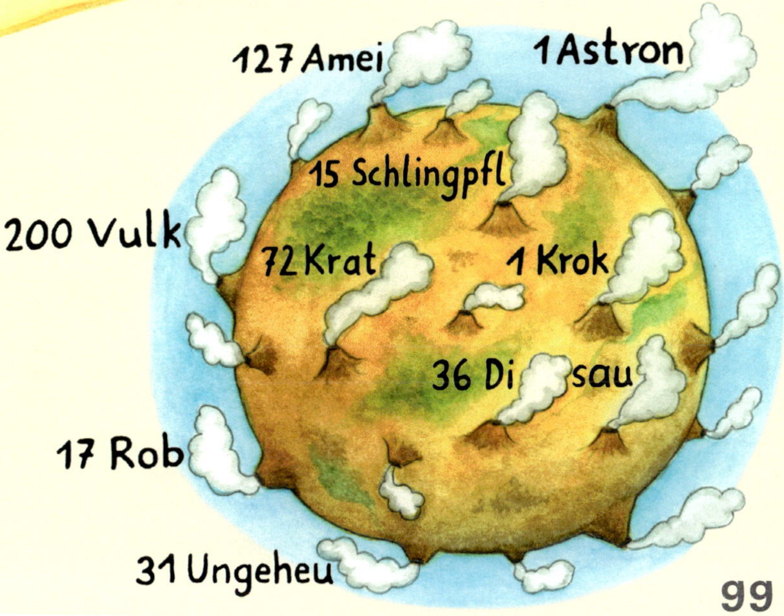

Kunterbunte Gefühle

Bist du ein richtiger Junge?

Kannst du lachen und singen?
Und mit den anderen im Kreis herumspringen?
Kannst du das Baby wiegen?
Und manchmal das Heulen kriegen?
Dann bist du okay.

Oder tust du kalt und stolz,
als wärst du aus Holz?
Bist du ein Angeber und Gernegroß?
Dann ist nichts mit dir los.
O jeh!

Bist du ein richtiges Mädchen?

Kannst du klettern auf 'nen Baum
und die schönsten Kirschen klaun?
Und durch eiskaltes Wasser waten?
Und, wenn's drauf ankommt, keinen verraten?
Dann bist du okay.

Oder bist du feige und zimperlich?
Eingebildet und pingelig?
Und rennst vor jeder Maus zur Tür?
Dann wird nie 'ne richtige Frau aus dir.
O weh!

Ilse von Heyst

Ein richtiger Junge? Ein richtiges Mädchen?
Was ist das für dich?
Sprecht darüber in der Klasse.

Jakob ist traurig. Warum?

Vielleicht hat er eine Geschichte erzählt
und keiner hat ihm zugehört.
Vielleicht hat er ein Lied gesungen
und die anderen haben sich die Ohren zugehalten.
Vielleicht hat er Lust auf ein Schmalzbrot gehabt
und keiner hat ihn abbeißen lassen.

Es gibt so viele Dinge, die einen traurig machen.

Jakob ist nicht der Einzige, der traurig ist.
Der Kasperl auf der Bettdecke ist traurig.
Jakob sieht es genau.
Das Wasser im Badezimmer rinnt traurig.
Die Tür ist auch traurig.
Hört nur, wie sie knarrt: oj, oj, oj –
Und die Bäume im Park haben traurige Gesichter.
Jakob kann schauen, wohin er will.

Lene Mayer-Skumanz

Jakob ist froh. Warum?

Vielleicht hat er eine Geschichte erzählt
und jeder hat gesagt:
„Das ist eine echte Jakob-Geschichte.“
Vielleicht hat er ein Lied gesungen
und die anderen haben gerufen:
„Bitte noch einmal von vorn!“
Vielleicht hat er Lust auf ein Schmalzbrot gehabt
und Kathi hat ihn abbeißen lassen.

Es gibt so viele Dinge, die einen froh machen.

Jakob ist aber nicht der Einzige, der froh ist.
Der Kasperl auf der Bettdecke lacht.
Jakob sieht es genau.
Das Wasser im Badezimmer plätschert lustig.
Die Tür ist ganz quietschvergnügt.

Hört nur: jui, jui, jui –
Und die Bäume im Park haben vergnügte Gesichter.

„Komisch“, sagt Jakob. „Alle machen’s mir nach!“

Lene Mayer-Skumanz

Helfen dir die Wortbausteine beim Lesen?
Welchen Text kannst du schneller lesen?

Olli kann auch schwimmen

Lest nur die markierten Sätze.
Wovon erzählt die Geschichte? Was vermutet ihr?

Sofie und Olli streiten.

„Ich kann schwimmen“, sagt Sofie. „Du aber nicht.“

„Ich kann tauchen“, brüllt Olli.

„Tauchen ist nicht schwimmen“, brüllt Sofie zurück.

„Aber ich schwimme unterm Wasser“, sagt Olli.

„Das kannst du nicht lange“, stellt Sofie fest.

„Doch“, sagt Olli. „Hunderte Meter.“

„Du lügst“, schreit Sofie. „Du lügst ganz furchtbar.“

„Nein!“

„Aber du kannst nicht atmen“, sagt Sofie.

„Das mach ich nach dem Schwimmen“, erklärt Olli.

„Aber du kannst doch nur tauchen.“ Sofie ist rot vor Wut.

„Und schwimmen“, brüllt Olli.

„Aber nicht atmen“, schreit Sofie und rennt weg.

Peter Härtling

Lest den Text mit verteilten Rollen.
Spielt das Streitgespräch vor.

Lesestudio – Seite 108

Krokodil und Krokodil

Gerald Jatzek

Warum sich Raben streiten

Weißt du, warum sich Raben streiten?
Um Würmer und Körner und Kleinigkeiten,
und Schneckenhäuser und Blätter und Blumen
und Kuchenkrümel und Käsekrumen
und darum, wer Recht hat und Unrecht, und dann
auch darum, wer schöner singen kann.

Mitunter streiten sich Raben wie toll
darum, wer was tun und lassen soll,
und darum, wer Erster ist, Letzter und Zweiter
und Dritter und Vierter und so weiter.

Raben streiten um jeden Mist.
Und wenn der Streit mal zu Ende ist,
weißt du, was Raben dann sagen?
Komm, wir wollen uns wieder vertragen!

Frantz Wittkamp

Laura spielt Detektiv

In der Klasse sind erst Benny, Julia und Ali. Und Torsten. Aber der zählt nicht. Der ist langweilig, findet Laura. Auf Lauras Tisch liegt ein Brief. ‚An Laura' steht darauf.

Von wem der Brief wohl ist? Das steht nicht drauf. Laura reißt den Brief auf und liest: Liebe Laura, ich mag dich ganz doll. Darunter hat jemand ein Herz gemalt.

Wer hat den Brief geschrieben? „Das finde ich heraus", sagt Laura. „Ich bin nämlich eine Detektivin!" Alle, die schon früh in der Klasse waren, sind verdächtig. Laura schreibt die Verdächtigen in ihren Detektivblock. Detektive machen das so.

Eigentlich soll Laura Sätze schreiben. Die Lehrerin schimpft über Lauras leeres Blatt.

Da flüstert Benny: „Du kannst bei mir abschreiben." Auf Bennys Blatt kann Laura leider nichts lesen. Benny schmiert immer so. Aber die Schrift in dem Brief ist sehr ordentlich.

Laura kommt heute früh in die Schule.

Im Sport spielen die Kinder Abwerfen. Laura ist nicht bei der Sache. Sie wird zuerst getroffen. Sogar noch vor Torsten.

Laura will ihre Turnschuhe einpacken. In der Tasche steckt etwas. Eine Eintrittskarte fürs Schwimmbad! Eine neue Spur! Jemand muss in der Kabine gewesen sein. Das war bestimmt der Briefschreiber. Er hat sich heimlich aus der Halle geschlichen. Also nicht Ali! Ali liebt Abwerfen. Da geht er doch nicht weg!

In der Pause spielt Laura mit Julia. Aber bald streiten sie. „Blöde Kuh!“, sagt Julia. Sie ist also nicht die nette Unbekannte.

Nach der Schule sagt Laura zu Torsten: „Danke! Dein Brief war schön!“ Torsten fragt erstaunt: „Woher weißt du, dass er von mir ist?“ „Ich bin eben eine richtige Detektivin“, sagt Laura zufrieden. Torsten nickt. „Dabei habe ich doch alles so heimlich gemacht. Ich dachte, du magst mich sowieso nicht.“

Frauke Nahrgang

Warum hat Benni den Brief sicher nicht geschrieben?
Wie entdeckt Laura, dass der Brief von Torsten war? Lies nach.

Erzählt euch gegenseitig die Geschichte mithilfe der Bilder.

Eine Leseprobe nehmen

- **Ich lese die Überschrift.**
- **Ich lese in jedem Absatz einen Satz und einige Wörter, die mir wichtig erscheinen.**
- **Ich weiß jetzt, wovon der Text wohl erzählt.**

In diesem Text sind einige Wörter und Sätze „angeleuchtet“.
Lies sie. Wovon erzählt wohl der Text?

Der Kletterkönig

Tim macht beim Schreiben viele Fehler.
Einige Kinder aus seiner Klasse lachen ihn aus.
Tina hilft Tim.
Sie schreibt ihm die falschen Wörter richtig vor.
Immer wieder.

In der großen Pause klettert Tim auf dem Klettergerüst herum.
Da sitzt jeder Griff.
Da passt jeder Tritt.
Hoch oben fühlt sich Tim wie ein König.

Tina beobachtet Tim beim Klettern.
In der großen Pause verfolgt sie gespannt jeden Griff, jeden Tritt.
Sie war noch nie hoch oben auf dem Klettergerüst.
„Komm rauf!“, ruft Tim oft von oben herab.
Tina sagt jedes Mal: „Noch nicht.“
Einige Kinder lachen Tina aus.

Eines Tages nimmt Tina Tims Hand und sagt: „Jetzt!“
Tim versteht.
Tim und Tina gehen Hand in Hand zum Klettergerüst.
Tim und Tina klettern höher und höher.

Ingrid Kötter

Wortbausteine erkennen (2)

Lesetipp mit Flo und Flipp

Das Stirnband

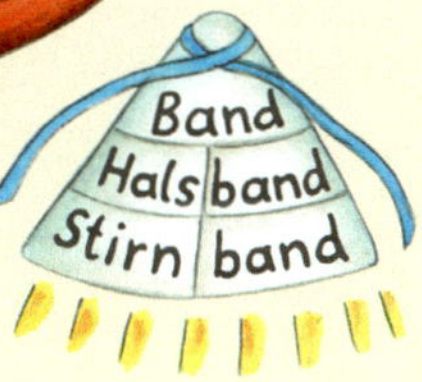

Anna spielt mit Lisa und Joko auf dem Schulhof.
Stefan kommt angerannt. „Joko, Schlitzauge!“, ruft er.
Die Mädchen beachten ihn nicht.
Da reißt Stefan Joko das Stirnband weg und rast davon.
Lisa tröstet Joko.

Anna läuft hinter Stefan her.
Sie erwischt ihn nicht.
Anna ruft Timmi zu:
„Fang Stefan! Nimm ihm das Stirnband ab!“

Timmi rennt auch hinter Stefan her.
Stefan stolpert und fällt hin. Seine Hose ist schmutzig. Er weint.
Frau Koch kommt und fragt: „Was ist denn hier los?“
Stefan jammert: „Timmi hat mich gejagt. Da bin ich hingefallen.“
Timmi sagt: „Stefan hat Joko das Stirnband weggenommen.“

Stefan schreit: „Das geht dich gar nichts an!“
Anna ruft: „Klar geht uns das was an!
Joko ist nämlich unsere Freundin, du Schlitzohr!“
Frau Koch sagt zu Stefan: „Joko könnte auch deine Freundin sein!“
Joko legt den Kopf schief und meint: „Vielleicht!“
Da gibt Stefan Joko das Stirnband zurück und wird ziemlich rot.

Sabine Jörg

Wir Kinder dieser Welt

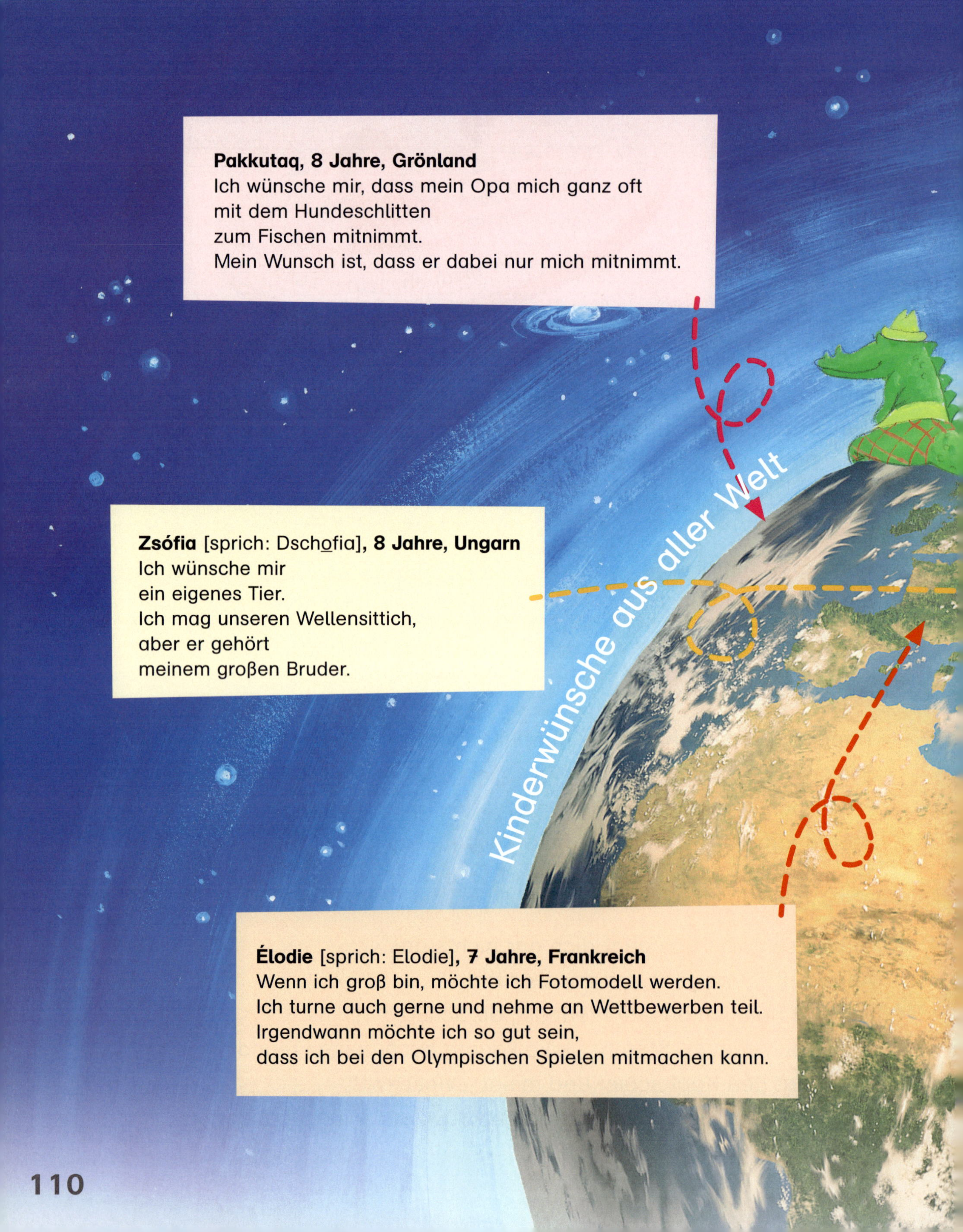

Pakkutaq, 8 Jahre, Grönland
Ich wünsche mir, dass mein Opa mich ganz oft
mit dem Hundeschlitten
zum Fischen mitnimmt.
Mein Wunsch ist, dass er dabei nur mich mitnimmt.

Zsófia [sprich: Dschofia], **8 Jahre, Ungarn**
Ich wünsche mir
ein eigenes Tier.
Ich mag unseren Wellensittich,
aber er gehört
meinem großen Bruder.

Élodie [sprich: Elodie], **7 Jahre, Frankreich**
Wenn ich groß bin, möchte ich Fotomodell werden.
Ich turne auch gerne und nehme an Wettbewerben teil.
Irgendwann möchte ich so gut sein,
dass ich bei den Olympischen Spielen mitmachen kann.

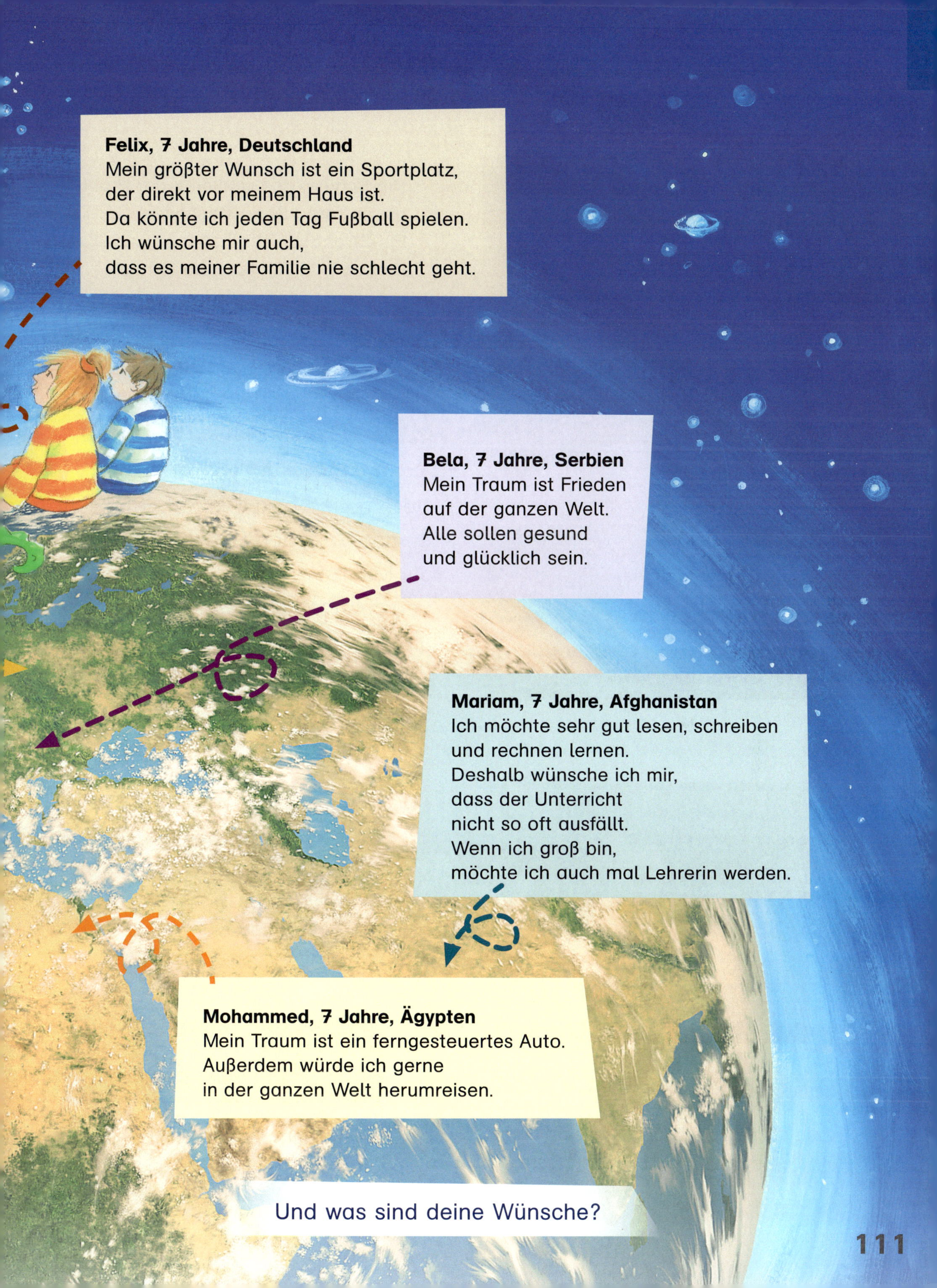

Felix, 7 Jahre, Deutschland
Mein größter Wunsch ist ein Sportplatz,
der direkt vor meinem Haus ist.
Da könnte ich jeden Tag Fußball spielen.
Ich wünsche mir auch,
dass es meiner Familie nie schlecht geht.

Bela, 7 Jahre, Serbien
Mein Traum ist Frieden
auf der ganzen Welt.
Alle sollen gesund
und glücklich sein.

Mariam, 7 Jahre, Afghanistan
Ich möchte sehr gut lesen, schreiben
und rechnen lernen.
Deshalb wünsche ich mir,
dass der Unterricht
nicht so oft ausfällt.
Wenn ich groß bin,
möchte ich auch mal Lehrerin werden.

Mohammed, 7 Jahre, Ägypten
Mein Traum ist ein ferngesteuertes Auto.
Außerdem würde ich gerne
in der ganzen Welt herumreisen.

Und was sind deine Wünsche?

Ein Tag mit Mbeiza

Die Schule, das sind ein paar Pfähle,
die im roten Sand stecken.
Ein Strohdach schützt vor der heißen Sonne
Dicht an dicht sitzen die Kinder
auf den Holzbänken.
Mbeiza mag Englisch und Musik am liebster

Kimbaya ist ein kleines Dorf in Uganda, einem Land in Afrika. Dort lebt Mbeiza. Die Sonne kriecht gerade über den Horizont, als Mbeiza erwacht. Verschlafen greift die Achtjährige nach zwei Kanistern und schlurft los. Zum Brunnen geht sie, um Wasser zu holen.

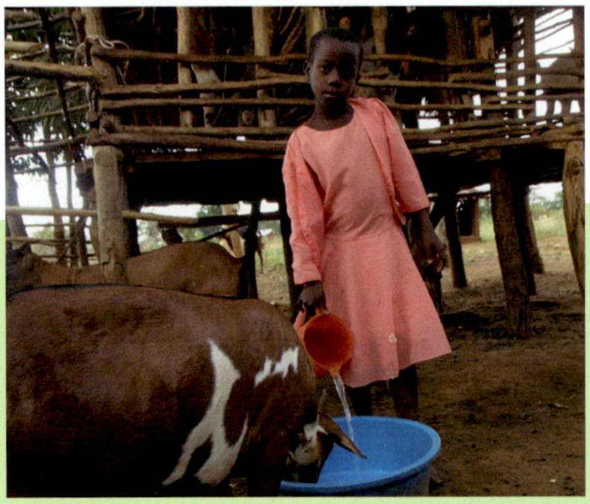

Nach der Schule kümmert sich Mbeiza um die Ziegen. Sie brauchen Wasser.

In der Erntezeit helfen die Kinder auf dem Feld. Die meisten Menschen in Uganda sind Bauern.

Als Baby war Mbeiza ganz klein und schwach, weil es nicht genug zu essen gab für sie. Uganda ist eines der ärmsten Länder der Welt. Aber dann kamen Krankenschwestern ins Dorf, die für sie sorgten.

Das bedeutet: eine halbe Stunde Fußweg hin, eine halbe zurück. Fließendes Wasser und Strom aus der Steckdose gibt es in Mbeizas Dorf nicht. Zu Fuß geht es auch in die Schule. Über die große Wiese, unter den hohen Bäumen hindurch – schon ist Mbeiza da.

Später will Mbeiza selbst Krankenschwester werden und anderen Menschen helfen.

Barbara Hartmann

Erst danach kann Mbeiza mit ihren Freundinnen Gummitwist spielen. Als Seil nehmen sie einen alten Strick.

Bei ihrer Oma ist Mbeiza am liebsten. Sie lauscht Omas Geschichten und ruht sich von Schule und Arbeit aus.

Was macht Mbeiza vor und nach der Schule?
Warum will Mbeiza Krankenschwester werden? Lies nach.

Abzählreime bei uns und anderswo

Deutschland

Itzli-pitzli-
Rabenfuß
rate mal,
wer suchen muss!
Itzli-pitzli-buh!
Nämlich du!

Türkei

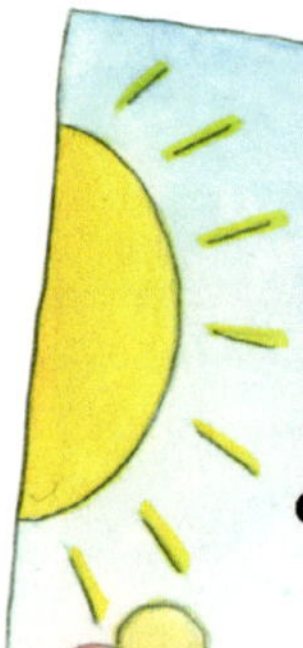

Şu köşe yaz köşesi,
şu köşe kıs köşesi,
ortada su şişesi.

So sprichst du:
Schu kösche jas köschesi,
schu kösche kesch köschesi,
ortada su sischesi.

Diese Seite ist die Sommerseite,
diese Seite ist die Winterseite,
die Wasserflasche ist in der Mitte.

Russland

Аты-баты шли солдаты
Аты-баты на базар.
Аты-баты что купили?
Аты-баты самовар.

So sprichst du:
Ati-báti schli saldáti
Ati-báti na basar.
Ati-báti schto kupíli?
Ati-báti samawár.

Tippel-tappel gingen die Soldaten
Tippel-tappel auf den Basar.
Tippel-tappel was kauften sie?
Tippel-tappel einen Samowar.

Italien

Uno due tre
Spaghetti patate caffè
Spaghetti patate caffè caffè
Uno due tre

Eins zwei drei
Spagetti Kartoffeln Kaffee
Spagetti Kartoffeln Kaffee Kaffee
eins zwei drei

Lerne einen Reim auswendig.
Erfinde selbst einen Abzählreim. Schreibe ihn auf und male dazu.

Ich gebe dir die Hände

Text: Rolf Krenzer
Melodie: Ludger Edelkötter

2. Wir bauen eine Brücke vom Mensch zum Menschen dann
mit Liebe und mit Zuversicht. Vertraue dich mir an!
Wir halten uns die Hände und woll'n die Brücke bauen,
dass du und ich, dass ich und du einander stets vertrau'n.
La, la ...

3. So stark wird diese Brücke vom Mensch zum Menschen sein.
Und wenn wir fest zusammensteh'n, dann stürzt sie niemals ein.
Wir halten uns die Hände und woll'n die Brücke bau'n,
dass du und ich, dass ich und du einander stets vertrau'n.
La, la ...

Ich kenn ein Land, das du nicht kennst, . . .

. . . Mexiko

Einmal im Jahr dürfen in Mexiko Tiere in die Kirche gehen: Pudel, Papageien, Mäuse, Schildkröten, Katzen, Dackel und manchmal sogar Krokodile.

Dann feiert man das Fest des Heiligen Antonius, der als Schutzpatron der Tiere gilt. Die Vierbeiner tragen rosa Kleider und werden vom Priester mit Weihwasser gesegnet. Der Segen soll die Tiere schützen und ihnen Gesundheit schenken.

In Mexiko gibt es sehr viele Vulkane. Einige stoßen sogar regelmäßig Rauch und Lava aus. Die Vulkankaninchen scheint das nicht zu stören. Sie leben an den Gipfeln der Vulkane. Dort wächst nämlich besonders leckeres Gras.

Schreibe die Wörter auf, die du nicht kennst.
Wie könnt ihr die Wörter erklären?

Lesestudio – Seite 118

... Norwegen

Die Norweger lieben ihre Tiere. Jeder Kuh steht per Gesetz sogar eine eigene Matratze zu. Und weil die Kühe darauf so gut schlafen, geben sie viel mehr Milch.

Zu Norwegen gehören sehr viele kleine Inseln. Manche werden nur von Schafen bewohnt. Wenn eine Insel abgeweidet ist, geht es auf zur nächsten – und zwar mit dem Boot! Manche Schafe sind so erfahrene „Inselhüpfer“, dass sie auf Zuruf von ganz allein ins Taxiboot springen.

Wie in allen Ländern innerhalb des Polarkreises geht die Sonne in Norwegen im Sommer für einige Zeit nicht unter. Dann kann man um Mitternacht noch ohne Taschenlampe im Bett lesen. Dafür wird es im Winter kaum hell. Dann ist der Mond die einzige natürliche Lichtquelle.

Martina Badstuber

Unbekannte Wörter klären (2)

- **Ich lese den Text und schreibe die Wörter auf, die ich nicht kenne.**
- **Ich lese die Stellen mit diesen Wörtern noch einmal nach. Verstehe ich diese Wörter jetzt?**
- **Ich frage jemanden nach der Bedeutung oder schlage im Lexikon nach.**
- **Ich notiere die Erklärung zum Wort.**

Das Zuckerfest

Für die muslimischen Kinder ist das Zuckerfest das schönste Fest im Jahr. An diesem Tag bekommen sie Süßigkeiten, Spielzeug und auch Geld geschenkt.

Das Wort „Zucker“ heißt auf Türkisch „seker“ [sprich: scheker]. Das „Zuckerfest“ heißt „seker bayrami“ [sprich: scheker bayrame]. Das Fest dauert drei Tage. Viele Muslime ziehen sich dazu besonders schön an und schmücken ihre Häuser und Wohnungen.

Vor dem Zuckerfest liegt die Fastenzeit. Sie dauert einen Monat. Der Fastenmonat heißt „Ramadan“. Im Ramadan lernen die Muslime, Allah dafür dankbar zu sein, wie gut es ihnen geht. Sie sollen nun alle Konflikte beenden und sich miteinander versöhnen.

- Zuckerfest
- wichtigstes Fest
- drei Tage

...

Sätze sinnvoll ergänzen

Lesetipp mit Flo und Flipp

Meine Augen müssen springen.

In jeder Zeile fehlt ein Wort. Das findest du ganz rechts.

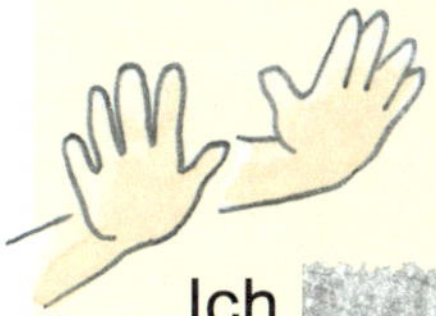

Ich ___ meinen Ball,	werfe
meinen ___ Ball.	gelben
Er fliegt über ___ und Bäume.	Häuser
Er fliegt über ___ und Täler,	Berge
weit, ___ , weit.	weit
Du ___ ihn und sagst „palla“,	fängst
das ___ Ball,	heißt
du sagst „giallo“, das ___ gelb,	heißt
du sagst ___ , das heißt Freund.	amico
Und du ___ mir den Ball zurück,	wirfst
mein ___ aus Italien.	Freund

Ilse Kleeberger

aus: Su Blackwell: Mein Märchenwald

Kennst du dich mit Märchen aus?

Die Bremer Stadtschmusekatzen
Die Bremer Stadtmusikanten

Rumpelpilzchen
Rumpelstilzchen

Der Wolf und die sieben Kätzchen
Der Wolf und die sieben Geißlein

Rotkätzchen
Rotkäppchen

Taschenputtel
Aschenputtel

Aladin und die Taschenlampe
Aladin und die Wunderlampe

Schneewittchen und die sieben Miezen
Schneewittchen und die sieben Zwerge

Schneekätzchen und Rosenrot
Schneeweißchen und Rosenrot

Wo wohnen wohl andere Märchenfiguren?
Erfinde selbst lustige Adressen.

Erwin Grosche

Die Sterntaler

Es war einmal ein kleines Mädchen, dem waren Vater und Mutter gestorben. Es war so arm, dass es kein Kämmerchen mehr hatte, darin zu wohnen, und kein Bettchen mehr hatte, darin zu schlafen, und gar nichts mehr hatte, als die Kleider auf dem Leib und ein Stückchen Brot.

Es war aber gut und fromm. Und weil es so von aller Welt verlassen war, ging es im Vertrauen auf den lieben Gott hinaus ins Feld. Da begegnete ihm ein armer Mann, der sprach: „Ach, gib mir etwas zu essen, ich bin so hungrig.“ Es reichte ihm das ganze Stückchen Brot und sagte: „Gott segne dir's“, und ging weiter.

Da kam ein Kind, das jammerte und sprach: „Es friert mich so an meinem Kopf, schenk mir etwas, womit ich ihn bedecken kann.“ Da tat es seine Mütze ab und gab sie ihm.

Und als es noch eine Weile gegangen war, kam wieder ein Kind und hatte kein Leibchen an und fror. Da gab es ihm seins. Und noch weiter, da bat eins um ein Röcklein, das gab es auch von sich hin.

Endlich gelangte es in einen Wald und es war schon dunkel geworden. Da kam noch eins und bat um ein Hemdlein und das fromme Mädchen dachte: „Es ist dunkle Nacht, da sieht dich niemand, du kannst wohl dein Hemd weggeben.“ Und es zog das Hemd ab und gab es auch noch hin.

Und wie es so stand und gar nichts mehr hatte, fielen auf einmal die Sterne vom Himmel und wurden lauter harte, blanke Taler.

Und ob es gleich sein Hemd weggegeben, so hatte es ein neues an, und das war vom allerfeinsten Linnen. Da sammelte es sich Taler hinein und war reich für sein Lebtag.

nach den Brüdern Grimm

Dieses Märchen ist sehr alt. Woran merkst du es?
Lies das Märchen so vor, dass andere dir gerne zuhören.

Erzählt mit einer Gruppe ein Märchen. Verteilt die Abschnitte. Zeichnet Skizzen dazu und ordnet sie. Erzählt.

Lesestudio – Seite 128

Vom Sternenkind

Abends, wenn die Kinder auf der Erde schlafen gehen, wird das Sternenkind wach. Es reckt sich und streckt sich, dass seine Hängematte zwischen den Sternenspitzen schwankt. Nachdem es dreimal gegähnt hat, schwingt es sich auf die Beine und macht erst einmal zwölf Kniebeugen und zehn Hampelmänner zum Warmwerden.

Da es auf seinem Stern kein Wasser gibt, nimmt das Sternenkind rasch ein Sandbad und schrubbt sich tüchtig ab, bis es am ganzen Körper wie frisch geputztes Silber schimmert. Schließlich kämmt es seine Haare, dass die Sternschnuppen nur so in die Nacht hinauszischen, und wirft seinen Umhang aus Milchstraßensternen um. Im Weltall ist es nämlich ziemlich kalt.

Zum Frühstück gibt es Astronautenfutter, das der Mondmann aus einer Mondrakete stibitzt hat, und natürlich einen großen Schluck köstlich frischer Milchstraßenmilch. „Hm!“, sagt das Sternenkind. „Lecker!“ Und dann springt es endlich zum Spielen in die Nacht hinaus.

Zuerst bläst es ein wenig auf der Sternenflöte, sodass das ganze Weltall klingt. Erst wenn auch die Sterne mitsingen und zu schunkeln beginnen und der Mann im Mond laut „Ruhe!“ brüllt, hört das Sternenkind auf. Aber nicht, weil der Mondmann gebrüllt hat. O nein, so ängstlich ist das Sternenkind nicht.

Es hört auf, weil es jetzt lieber Weitwurf mit Mondgesteinen üben und anschließend auf einem Kometen reiten will.

Neulich hat es mit seinem Sternenlasso nur knapp einen Kometen verfehlt, der alle hundert Jahre einmal ganz nah an der Erde vorbeisaust. Wäre das Lasso eine halbe Sternenlänge länger gewesen, hätte das Sternenkind es geschafft.

Dann hätte es sich auf dem Kometen ganz nah an deinem Fenster vorbeigeschwungen und dir aus funkelnden, glitzernden Augen direkt ins Gesicht geschaut. Und vielleicht hätte es dir sogar eine Handvoll Sternenstaub geschenkt. Wie Regen hätte das Sternenkind ihn auf dich herunterrieseln lassen: golden oder seifenblasenbunt, eine herrliche Traumnacht lang. Ihr wärt in den Wolken Trampolin gesprungen, hättet das Mondkalb ein wenig geneckt und den grünen Anzug eines Marsmenschen versteckt. Und erst mit dem dritten Hahnenschrei wäre der Schabernack vorbei gewesen. Doch leider war das Lasso zu kurz, mit dem das Sternenkind sich Kometen fängt, und die Sache ging schief.

Ein Viertelstündchen war das Sternenkind traurig. Es schmollte und warf Sand auf die Erde, der dort mitten im Sommer als Graupelschauer und Hagel ankam. Doch gleich lachte das Sternenkind wieder, denn Streiche spielte es für sein Leben gern. „Huhu, hallo!“, rief es in den Weltraum hinaus und stellte sich vor, dass du es hörst. „In hundert Jahren probiere ich es wieder. Hundert Jahre sind schnell vorbei.“ Dann legte es sich müde in seiner Hängematte zwischen den Sternen schlafen. Soeben ging nämlich die Sonne auf.

Karin Jäckel

Wie bereitet sich das Sternenkind auf die Nacht vor?
Was macht dem Sternenkind in der Nacht alles Spaß?
Wann geht das Sternenkind schlafen?
Lies nach.

Wie war das gleich mit Rotkäppchen?

„Es war einmal ein kleines Mädchen, das hieß Gelbkäppchen.“

„Nein! Rotkäppchen!“

„Ach ja, natürlich Rotkäppchen. Also, eines Tages rief die Mutter nach ihr und sagte: ‚Grünkäppchen …‘ “

„Rot!“

„Entschuldigung! Rot. Also sie sagte: ‚Kind, geh zur Tante Marie und bringe ihr Kartoffeln.‘ “

„Halt! So geht das nicht! Es muss heißen: ‚Geh zur Großmutter und bringe ihr diesen Kuchen.‘ “

„Stimmt. Das kleine Mädchen machte sich also auf den Weg. Im Wald traf es eine Giraffe.“

„Du bringst auch alles durcheinander! Es traf einen Wolf.“

„Und der Wolf fragte das kleine Mädchen: ‚Wie viel ist zwei und zwei?‘ “

„Aber nein. Der Wolf wollte wissen, wo sie hinging.“

„Ja, das tat er und Schwarzkäppchen meinte …“

„Rot! Rot!! Rot!!!“

„Sie antwortete: ‚Ich gehe zum Markt Tomaten kaufen.‘ “

„Nein, das sagte das kleine Mädchen nicht. Es sagte: ‚Ich gehe zu meiner kranken Großmutter, aber ich habe mich verirrt.‘ “

„Natürlich, so war es! Und das Pferd antwortete: ‚ …‘ “

„Was für ein Pferd? Es war ein Wolf.“

„Richtig. Und der sagte: ‚Nimm die Linie 75! Steig am Marktplatz aus und geh rechts um die Ecke! Am ersten Haus findest du einen Euro. Nimm das Eurostück und kauf dir ein Päckchen Kaugummi dafür!‘ “

„Großvater, du kannst einfach keine Märchen erzählen. Du bringst alles durcheinander. Aber gegen ein Päckchen Kaugummi hätte ich auch nichts einzuwenden.“

„Gut. Hier hast du einen Euro.“ Und dann las Großvater weiter in seiner Zeitung.

Gianni Rodari

Lest das Gespräch mit verteilten Rollen.

Welche Fehler macht Großvater in seiner Erzählung? Lies nach.

- **Ich lese den Text.**
- **Ich male zu jedem Abschnitt eine Skizze.**
- **Ich bringe die Skizzen in die richtige Reihenfolge.**
- **Ich stelle mir die Geschichte zu den Bildern noch einmal vor.**

Das Auto hier heißt Ferdinand

Das Auto hier heißt Ferdinand
und steht an einem Bergesrand.
Da kommt das Taxi sieben,
den Ferdinand zu schieben.

Das Auto von der Post sagt: „Ach,
die beiden sind ja viel zu schwach.
Ich will das Taxi sieben
und auch den andern schieben."

Das Auto von der Feuerwehr
kommt mit sieben Mann daher
und hätte fast bis oben
die andren drei geschoben.

Der Traktor von dem Bauern Nolte
steht hier, weil er auch schieben wollte.
Und hat mit seiner Riesenkraft
sie alle auf den Berg geschafft.

Hoch oben fällt der Ferdinand
hinunter übern Bergesrand.
Und von der steilen Höh'
in einen tiefen See.
Da stand ein Pferd am Wegesrand
und rettete den Ferdinand.

Janosch

Unvollständige Sätze lesen

Lesetipp mit Flo und Flipp

Das sto ke Aut Ferd nand

Ein al fuhr d Fer nand
Zu sein Tante auf d La l.
Er s te: „Ich bin einer,
der ist s st k wie ke er.“

Der Traktor fiel in ein n Fl s,
damit ihn einer rett m .
Der Fer d, der sieht ihn,
er nim ein Seil und zie ihn.

Der Ochse mit dem Och nkarren
Will keine sieb Säcke fahr .
Der Ferd , der sie ihn,
er nim sein S und zie ihn.

Da ko t der freche Florian
Und hängt sich au noch hint dran.
Das dicke S , das krac
der Flo n, der la .

Janosch

Das gereimte Jahr

Tritt frisch und klar ins neue Jahr
und rodle durch den **Januar**!

Doch den **Dezember** fürchte nicht!
Er zündet an das Weihnachtslicht.

Nimm dich in Acht vor Mumps und Husten,
wenn die **November**winde pusten!

Und im **Oktober** musst du schaun
die Wälder, gelb und rot und braun!

Bleib heiter, wenn die Blätter fallen
und die **September**nebel wallen!

Und bade, spiel und toll mit Lust
im warmen, prächtigen **August**!

Im **Februar** hüpf wie ein Ball
bunt schillernd durch den Karneval!

Im Frühjahr blicke wie der **März**
mit Primelaugen sommerwärts!

Trag warme Sachen im **April**!
Dann kann er machen, was er will.

Wenn alles duftet, grünt und blüht,
sing wie der **Mai** ein Frühlingslied!

Im **Juni** fahr das Heu
ins Haus
und radle an den See hinaus!

Empfang den **Juli** mit Hurra,
denn bald sind deine Ferien da!

Ein Jahr ist bald herum. Jedoch:
Sehr viele Jahre folgen noch.

James Krüss

September

Es kommt eine Zeit
da hat die Sonne
alle Arbeit getan
Die Äpfel sind rot
Die Birnen sind gelb
und die Marktfrauen rufen
Pflaumen schöne Pflaumen

Es kommt eine Zeit
da wird die Sonne müde
und immer kleiner

So klein wie eine Orange
die nach Afrika zurückrollt
wie ein Taler
der von einer Hand
zur andern wandert
wie der Knopf
vom Matrosenkleid

So klein wird die Sonne
dass der Himmel
sie nicht mehr halten kann

Sie rollt übers Dach
rollt hintern Berg
jetzt kann sie keiner mehr sehen

Elisabeth Borchers

Tragt das Gedicht vor.
Begleitet es mit Instrumenten.
Malt zu dem Gedicht.

Herbst ist . . .

Herbst ist, wenn die Drach flieg
und die Kind Schnupf krieg,
wenn am Baum die Äpf reif
und die Vög kaum noch pfeif.

Herbst ist, wenn sich Äst neig
und die Grill nicht mehr geig,
wenn die welk Blätt fall
und Novemb neb wall.

Bernhard Lins

Herbsträtsel

Ein saß auf einem ,
das wie die fünf hat,
auf einem . Du glaubst es kaum.

Der grüne , stachelspitz,
fiel auf den vom kleinen ,
von seiner in die .

Da war es mit dem aus.
Er platzte, und was sprang heraus,
mit einem ? Ein brauner .

Hermann Siegmann

Lest die Gedichte vor.
Gestalte mit einem anderen Kind ein eigenes Herbsträtsel.
Stellt es vor.

Regen

Regenplage graue Tage,
Regengüsse nasse Füße,
Regentropfen hört man klopfen
an die Fenster wie Gespenster.

Regenschnecken in den Hecken,
Regenwinde in der Linde,
Regenwasser, nass und nasser
werden Wälder, Haus und Felder.

Regenbäume träumen Träume,
Regenlieder klingen wieder,
Regenfrauen dreh'n die Leier,
ringsum wehen Regenschleier.

Regentänze, Katzenschwänze,
Regenwolken sind gemolken,
Regentonne, kommt die Sonne?
Nein, von wegen! Dauerregen!

Gina Ruck-Pauquèt

Welche Instrumente passen zum Regen?
Tragt das Gedicht mit eurer Musik vor.

Was wächst denn da?

Alle Rätsel: Volksgut

Ihr lieben Leut',
was das bedeut',
hat sieben Häut',
beißt alle Leut'?

Erst weiß wie Schnee,
dann grün wie Klee,
dann rot wie Blut,
schmeckt allen gut.

Rate, was ich weiß,
es brennt und ist nicht heiß.

Erst weiß wie Licht,
dann ein Stachelgesicht
wie ein grüner Igel,
wie ein blanker Spiegel,
wie eine braune Maus
hüpft's aus einem
grünen Haus heraus.

Der arme Tropf
hat einen Hut und keinen Kopf.
Und hat dazu
nur einen Fuß und keinen Schuh.

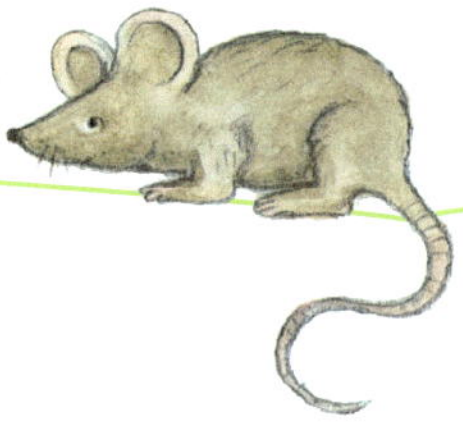

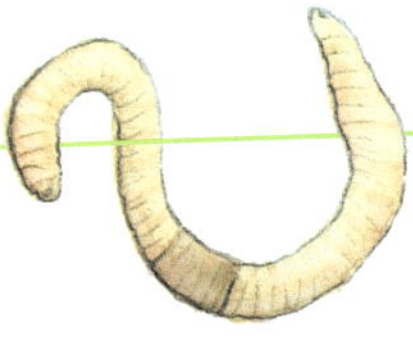

Kennst du noch andere Rätsel? Gestaltet eine Rätselsammlung.

Laternenumzüge gibt es noch nicht lange

Der Heilige Martin würde sich wundern, wenn er heute lebte. Denn zu seiner Zeit war das Feuer kostbar. Man brauchte es, um den Herd anzuzünden als Licht in der Dunkelheit.

Einen Umzug mit Laternen, bei dem singende Kinder Hunderte von Kerzen durch die Straßen tragen, kannte er nicht. Wie auch?

Diese Laternenumzüge zu Ehren des Heiligen Martin gibt es seit ungefähr 100 Jahren. Niemand kann mehr genau sagen, wie sie entstanden sind.

Vielleicht ist das eine Erklärung: Was der Heilige Martin getan hat, war wie ein erster Funke.

Dieses Zeichen der Liebe war wie ein Stein, den man ins Wasser wirft. Der zieht Wellenkreise. Und die breiten sich immer weiter aus.

Immer mehr Menschen hörten von dieser guten Tat. Sie freuten sich darüber. Und sie wollten selber so handeln. So breitete sich das Gute aus.

Dieser eine Funke zündete viele Lichter an, Kerzen und Laternen.

Und wenn die Kinder heute durch die Straßen ziehen, sind sie mit ihren Lichtern Boten des Heiligen Martin.

nach Martin Thull

Welche gute Tat erzählt man von Sankt Martin? Seit wann gibt es Laternenumzüge? Warum? Lies nach.

Ein armer Mann

Text: Rolf Krenzer
Melodie: Peter Janssens

2. Ihm ist so kalt. Er friert so sehr. Wo kriegt er etwas Warmes her?
   I: Er hört kein gutes Wort und jeder schickt ihn fort. :I

3. Der Hunger tut dem Mann so weh und müde stapft er durch den Schnee.
   I: Er hört kein gutes Wort und jeder schickt ihn fort. :I

4. Da kommt daher ein Reitersmann, der hält sogleich sein Pferd hier an.
   I: Er sieht den Mann im Schnee und fragt: „Was tut dir weh?“ :I

5. Er teilt den Mantel und das Brot und hilft dem Mann in seiner Not.
   I: Er hilft so gut er kann, Sankt Martin heißt der Mann. :I

6. Zum Martinstag steckt jedermann leuchtende Laternen an.
   I: Vergiss den anderen nicht, drum brennt das kleine Licht. :I

Waldweihnacht

Der Schnee, der is gfalln,
der Wind hat si draht,
muaßt Schneeroafa* schnalln,
is alles verwaht.

San d' Reh nimmer scheu
und san freundlicher gstimmt,
de kriagn halt a Heu,
wann 's Christkindl kimmt.

Und Christbaam ham s' eh,
de san aufputzt grad gnua
mit glanzatm Schnee
und mit Sterndln dazua.

Joseph Maria Lutz

* Schneeroafa: Sie sehen aus wie Tennisschläger. Man schnallt sie sich unter die Schneestiefel, um im Schnee nicht zu versinken.

Kannst du das Gedicht ins Hochdeutsche übersetzen?
Kannst du es in deiner Mundart vortragen?

Winternacht

Es war einmal eine Glocke,
die machte baum, baum ...
Und es war einmal eine Flocke,
die fiel dazu wie im Traum ...

Die fiel dazu wie im Traum ...
Die sank so leis hernieder
wie ein Stück Engleingefieder
aus dem silbernen Sternenraum.

Es war einmal eine Glocke,
die machte baum, baum ...
Und dazu fiel eine Flocke,
so leise wie im Traum ...

So leis als wie ein Traum ...
Und als vieltausend gefallen leis,
da war die ganze Erde weiß,
als wie von Engleinflaum.

Da war die ganze Erde weiß,
als wie von Engleinflaum.

Christian Morgenstern

Lerne das Gedicht auswendig.
Begleitet das Gedicht mit Instrumenten.

Ein Geschenk für den Nikolaus

„Jetzt muss ich leider weiter. Es warten noch viele andere Kinder auf mich!“, sagt der Nikolaus. „Vielen Dank!“, rufen Peter, Tina und Anne. „Auf Wiedersehen im nächsten Jahr!“, sagt der Nikolaus.

„Halt!“, ruft Anne und läuft hinterher. Sie hält ihn am Mantel fest. „Halt, Nikolaus! Ich hab noch ein Gedicht gelernt. Darf ich’s schnell sagen?“ „Für ein Gedicht hab ich immer Zeit“, brummt der Nikolaus und bleibt stehen.

Draußen vor der Tür sagt Anne ihr Gedicht auf:

Lieber Nikolaus,

durch Eis und Schnee, durch Nacht und Wind,
von Haus zu Haus, von Kind zu Kind,
hast du dich auf den Weg gemacht
und uns Geschenke mitgebracht.
So machst du allen Leuten heute
mit deinen Gaben große Freude.

Wenn man einem etwas schenkt,
zeigt es, dass man an ihn denkt.
Dieses Päckchen ist sehr klein,
doch es ist für dich allein.

Danach gibt sie dem Nikolaus ein kleines Päckchen. Es ist ganz warm und das Papier ist ein bisschen verknittert, weil sie es in der Hosentasche versteckt hatte. „Das ist für dich!“ Ein wenig verlegen sieht der Nikolaus auf Annes Päckchen.

„Danke!“, sagt er und seine Stimme ist viel leiser als vorher. „Ein Geschenk für den Nikolaus? Das ist mir in hundert Jahren noch nicht passiert!“ Er hat es jetzt eilig. Aber ein bisschen neugierig ist er auch. Draußen auf der Treppe macht er das Päckchen auf. Was wohl drin ist?

In dem Päckchen ist ein goldener Stern. Er funkelt mit den tausend Sternen am Himmel um die Wette. Ganz warm wird dem Nikolaus unter seinem roten Mantel, obwohl die Nacht klirrend kalt ist. Und dann macht er sich auf den Heimweg.

Annegret Fuchshuber

Warum läuft Anne dem Nikolaus hinterher?
Was schenkt Anne dem Nikolaus?
Lies nach.

Traumbescherung

Ich hab mir was ausgedacht,
dass mir aber keiner lacht!
Dieses Jahr zur Weihnachtszeit,
da beschenk ich weit und breit,
alle Leut – ihr glaubt es kaum?
Jeder kriegt von mir 'nen Traum:
Raben, die Trompete blasen,
bring ich mit, karierte Hasen,
eine Fuhre Gummibärchen,
dreizehn Flaschen voller Märchen,
Bäume, die spazieren gehen,
Stunden, die ganz stillestehen,

Hunde, die sich reiten lassen,
frisch gebrat'nes Eis in Massen,
schnelle Autos für die Kinder,
einen Zauber-Wunsch-Zylinder,
Extra-Väter, nur zum Spielen,
Bälle, die von selber zielen,
eine Müllkippe zu Hause
und 'ne Limonadenbrause,
Betten, die im Dunkeln fliegen,
Masern, die wir niemals kriegen,
Sommerschnee auf Rodelwiesen,
aufblasbare bunte Riesen,

Feuerchen, die knisternd brennen,
Mütter, die nicht schimpfen können,
Badeseen an den Ecken,
Lutschbonbons so lang wie Stecken,
Schulen, nur zum Lachenlernen,
Flugzeugtaxis zu den Sternen,
Sofas, um draufrumzuspringen,
Lieder, die sich selber singen,
Pulver zum Unsichtbarmachen,
ein paar kleine, zahme Drachen,
Katzen, die auf Rollschuh'n rennen,
Morgenstunden zum Verpennen,
Wände, um sie anzumalen,
Nüsse ohne harte Schalen,
einen Löwen zum Liebkosen
und statt Ärger rote Rosen.
Hier ist die Bescherung aus.
Sucht für euch das Beste raus!

Gina Ruck-Pauquèt

So viele Wünsche! Was wünschst du dir? Male und schreibe.
Besprich deinen Wunsch mit einem anderen Kind.
Stellt eure Wünsche vor.

Der Hirte

Auf dem Berg Nebo lebte einst ein alter Hirte. Er weidete seine Schafe und blies dazu auf seiner Hirtenflöte. Auf dem Berg gab es kein anderes Haus als seine alte Hütte, zu der führte ein schmaler Pfad. Der Hirte war einsam und alt.

Eines Nachts, als er unter den Palmen eingeschlafen war, hatte er einen Traum: Ein großer, heller Stern zog am Himmel herauf. Einen solchen hatte er noch nie gesehen. Und ein Engel kam, der sprach: „Fürchte dich nicht, ich verkünde dir große Freude. Heute Nacht wird das Christuskind geboren. Wach auf und folge dem Stern!“

Der Hirte wachte auf. Da stand der große, helle Stern über ihm. Eilig weckte er seine Schafe, nahm Stab und Flöte und folgte dem Stern. Er zog ihm nach über Berge und Täler und die Schafe gingen hinterdrein.

Sie kamen an eine schöne Stadt. Da dachte der Hirte: „Hier werde ich das Christuskind finden.“ Aber der Stern führte ihn weiter.

Sie kamen an ein prächtiges Schloss.
Wieder dachte der Hirte: „Hier werde ich das Christuskind finden.“
Aber der Stern führte ihn weiter.

Sie kamen an ein einsames Feld.
Da stand eine alte Hütte, zu der führte ein schmaler Pfad.
Der Hirte wollte umkehren, er glaubte, er hätte sich verirrt.

Aber der Stern neigte sich und blieb über der Hütte stehen.

Erstaunt trat der Alte näher. Da lag das Kind auf Heu und Stroh in einer Futterkrippe. Maria und Joseph waren eingeschlafen.
Das Kind aber schaute den Hirten an und er erschrak.
„Du bist das Christuskind“, sagte er, „und du bist so arm!
In einer Hütte bist du geboren, du hast keine Wiege, in einer Krippe musst du liegen auf Heu und Stroh.“

Und er zog seinen Mantel aus
und deckte das Kindlein damit zu.
Da lächelte das Christuskind
und der alte Hirte vergaß alle Armut.
Er sagte: „Ich weiß nun,
der Himmel und die Erde sind dein.“
Und seine Freude wurde übergroß.

Helga Aichinger

Warum folgt der Hirte dem Stern?
Warum war der Hirte erstaunt,
als der Stern über der Hütte
stehen blieb?
Lies nach.

Das neue Jahr beginnt

Wo bringt Väterchen Frost an Neujahr Geschenke?
Wo werden Münzen im Brot gefunden?
Wo werden um Mitternacht Weintrauben gegessen?
Wo zündet man Silvesterfeuer an?

In China begrüßt man das neue Jahr erst im Februar. Dann wird drei Wochen lang gefeiert. Überall hängen rote Papierstreifen und goldene Glückszeichen. Es gibt große Neujahrsumzüge.

In Bulgarien schlagen Kinder Erwachsene im neuen Jahr mit dünnen Kirschzweigen auf den Rücken. Das soll Gesundheit und Reichtum bringen.

Bei uns und in vielen anderen Ländern sollen Raketen und Böller die bösen Geister vertreiben.

In Griechenland backt man ein besonderes Brot, in dem Münzen versteckt sind. Wer beim Essen eine Münze findet, hat ein Jahr lang Glück.

Wo werden böse Geister mit Raketen und Lärm vertrieben?
Wo dürfen an Neujahr Kinder Erwachsene mit Ruten schlagen?
Wo isst man süße Äpfel mit Honig?
Wo wird drei Wochen lang Neujahr gefeiert?

Damit das neue Jahr wirklich süß wird, essen in Israel die jüdischen Familien süße Äpfel, Honig und Honigkuchen.

Wenn die Uhr um Mitternacht 12-mal schlägt, essen die Menschen in Spanien zu jedem Glockenschlag eine Weintraube. Sie glauben, dass dann ein Wunsch in Erfüllung geht.

In Russland ist die Neujahrsnacht am 13. Januar. Väterchen Frost bringt die Weihnachtsgeschenke. Die Kinder verkleiden sich als Schneeflocke oder als Häschen.

In der Schweiz wird das neue Jahr nicht mit Lärm begrüßt. Überall auf den Bergen brennen die Silvesterfeuer. Sie sollen die Nacht erhellen.

Wie wird bei dir Neujahr gefeiert? Berichte einem anderen Kind und schreibe. Stellt eure Texte vor.

Es schneit

Lucas van Valckenborch: Winter

Merkst du?
Fühlst du?
Riechst du?
Es schneit!

Ein Stern schwebt herab
und noch ein Stern –
Schneeflocken sind wie Sterne.
Es schneit!

Lauf in die weiße Welt –
schau,
was vom Himmel fällt.
Es schneit!

Katrin Arnold

Lerne das Gedicht auswendig und trage es vor.

Es schneit

Es schneit, juchhe, es schneit,
Schneeflocken weit und breit!
Ein lustiges Gewimmel
kommt aus dem grauen Himmel.

Was ist das für ein Leben!
Sie tanzen und sie schweben,
sie jagen sich und fliegen,
der Wind bläst vor Vergnügen.

Und nach der langen Reise,
da setzen sie sich leise
aufs Dach und auf die Straße
und dir frech auf die Nase.

Volksgut

Trage das Gedicht gut betont vor.
Schreibe eine Strophe ab und male dazu.

Die Grille und der Maulwurf

Eine Grille hatte den ganzen Sommer über nichts anderes getan, als auf ihrer Geige gefiedelt, weil ihr das so gut gefiel. Und als dann der Winter kam, hatte sie nichts zu essen; denn sie hatte das Feld nicht bestellt, also auch keine Ernte. Sie hatte keine Vorräte gesammelt. Hatte auch kein Winterhaus gebaut mit Ofen.

Da ging sie zum Hirschkäfer. Der Hirschkäfer war Oberförster vom Moosgestrüpp. Ein Oberförster muss zu den anderen Tieren gut sein und ihnen in der Not helfen. „Könnte ich bei Ihnen vorübergehend kostenlos wohnen?“, fragte die Grille. „Nur für einen Winter, denn ich habe vergessen ...“. „Oh, vergessen“, sagte der Hirschkäfer, „vergessen! Ja, ja, das kennen wir. Erst den ganzen Sommer nutzlos herumfiedeln und dann auf anderer Leute Kosten leben. Nein, nein, Mariechen, geht nicht.“

Da ging die Grille mit ihrer kleinen Geige weiter und kam zu der Maus. Die Maus wohnte in einer verbeulten Gießkanne. Die Maus hatte so viele Vorräte für den Winter gesammelt, dass diese für drei Winter gereicht hätten. Und zwar für zwei Personen. „Nur vorübergehend“, sagte die Grille. „Für einen Winter nur, wenn Sie das gestatten würden. Ich habe nämlich vergessen ...“

„Oh, vergessen“, sagte die Maus, „vergessen! Ja, ja, das kennt man. Den ganzen Sommer lang herumfiedeln und nicht arbeiten und auf anderer Leute Kosten leben wollen. Nein, nein, Mariechen, da wird leider nichts draus.“

Da ging die Grille mit ihrer kleinen Geige weiter und kam zum alten Maulwurf, der in einer Kellerwohnung wohnte. Mit Ofen.

„Oh, Besuch“, rief der alte Maulwurf.
„Kommen Sie doch mal näher.
Kann nämlich nicht gut sehen,
bin etwas kurzsichtig auf den Augen,
weil ich blind bin.
Kommt von der schwarzen Erde
unter der Erde, wo ich arbeite. Macht nix.“

Als er die Grille erkannte, freute er sich, denn er hatte im Sommer oft ihrem Gefiedel gelauscht. Wer schlecht sieht, der hört gern zu, wenn einer Musik spielt.
„Spiel doch mal was auf der Geige, du!“, sagte der alte Maulwurf.
Und die Grille fiedelte und geigte
und der Ofen bollerte.
Im Topf roch die Suppe
und so verging ihnen der Winter
wie ein Tag. War ein schöner Winter
für die beiden, wohl der schönste
ihres Lebens.

Janosch

Welche Tiere spielen in der Geschichte mit?
Warum darf die Grille nicht bei der Maus wohnen bleiben?
Lies nach.

Lest das Stück mit verteilten Rollen. Spielt es vor.

Lied der Eiszapfen

Eis
Zapfen
Zapfen
Zapfen
Eis
Zapfen
Zapfen
Eis
Zapfen
Zapfen
klink –

Tropfen
Tropfen
Tropfen
Eis
Tropfen
Tropfen
Eis
Tropfen
Tropfen
Eis
ping –

Zapfen
Zapfen
Zapfen
Eis
Zapfen
Zapfen
Eis
Zapfen
Zapfen
Eis
spring –

Eis
Zapfen
tropfen
Eis
zapfen
tropfen
Eis
Zapfen
tropfen
tropfen
tropfen
Tropfen
blink ...

Friedl Hofbauer

Der Schneemann

Der Schneemann hat ein Mondgesicht
und er ist lausekalt.
Gesunde Farben hat er nicht,
drum wird er auch nicht alt.

Er freut sich, wenn es tüchtig schneit
bei kaltem Wind von Ost.
Dann wächst an ihm ein neues Kleid.
Er mag den scharfen Frost.

Wir haben diesen kalten Herrn
vor unserm warmen Haus
bis Februar von Herzen gern.
Dann ist die Liebe aus.

Weg mit dem Frost, mit Eis und Schnee
und mit dem weißen Mann!
Der Abschied tut uns gar nicht weh.
Jetzt kommt der Frühling an!

Eva Rechlin

Lerne das Gedicht auswendig und trage es vor.

Trat ich heute vor die Türe

Text: Christel Süßmann
Melodie: Heinz Lemmermann

2. Trat ich heute vor die Türe, sapperlot, was sah ich da?
Tanzte da die Gans Agathe mit dem Truthahn Cha-Cha-Cha.
Max, der Esel und die Schweine tanzten sehr vergnügt zu dritt.
Selbst die dicke Kuh Babette wiegte sich im Walzerschritt.

3. Trat ich heute vor die Türe, sapperlot, was sah ich da?
Tanzte da die Gans Agathe mit dem Truthahn Cha-Cha-Cha.
Mieze bellte, Karo schnurrte und die Ziege auf dem Mist
krähte sich die Kehle heiser, weil doch heute Fastnacht ist.

4. Trat ich heute vor die Türe, sapperlot, was sah ich da?
Tanzte da die Gans Agathe mit dem Truthahn Cha-Cha-Cha.

Wer könnte noch mittanzen?

Der Frühling

György Lehoczky

Frühling

Eines Morgens ist der Frühling da.
Die Mutter sagt,
sie riecht ihn in der Luft.

Pit sieht den Frühling.
An den Sträuchern im Garten
sind hellgrüne Tupfen.

Anja hört den Frühling.
Neben ihr, auf dem Dach,
singen die Vögel.

Unten vor dem Haus
steigt Vater in sein Auto.
Er fühlt den Frühling.
Die Sonne scheint warm
auf sein Gesicht.

Aber schmecken
kann man den Frühling noch nicht.
Bis die Erdbeeren reif sind,
dauert es noch lange.

Christine Nöstlinger

Sammle mit einem anderen Kind Frühlingswörter.
Schreibt gemeinsam ein Gedicht, gestaltet es und
stellt es vor.

Was der Frühling alles tun muss

Erst die Sonne höher heben,
dann die Gräser grün anstreichen,
allen, die auf Erden leben,
brüderlich die Hände reichen,

Schlangen häuten, Schatten schwärzen,
Felder kämmen, auch die Wiesen,
sorgen, dass Kastanienkerzen
brennen, Weidenruten schießen,

für die Vögel Noten schreiben
und die Rosenblätter zählen,
mit den Kindern Unfug treiben,
Wäldern neue Farben wählen,

Käfern ihre Panzer putzen,
Zäunen guten Morgen sagen,
Tau als Schmuck für Gras benutzen,
Licht in Mauselöcher tragen,

weil die Bienen gern was hätten,
Honig in die Blüten stecken,
alle Katzenfelle glätten –
und die Kinder morgens wecken!

Ja, der Frühling hat zu tun,
Emil, und was machst du nun?

František Halas

Tragt das Gedicht gemeinsam vor.
Jedes Kind spricht eine Zeile.
Alle sprechen die beiden letzten Zeilen.

Der erste April

Es war einmal ein schöner warmer Tag. Alle Fenster standen offen, um die Frühlingssonne einzulassen, auch bei Peps.

Tante Reni lief vergnügt die Treppe zu ihm hinauf. Peps begrüßte sie erfreut. Hoffentlich merkt er nicht, dass heute der erste April ist, dachte Tante Reni. „Peps, in deinem Zimmer ist eine Katze zu Besuch“, sagte sie. „Eine Katze? Wie sollte sie in mein Zimmer kommen?“ „Sehr einfach. Sie ist von dem Baum vor eurem Haus auf dein Fensterbrett gesprungen.“

Peps sah Tante Reni nachdenklich an. Sehr nachdenklich. Tante Reni bemühte sich, nicht zu lachen. Endlich ging Peps zu seinem Zimmer und öffnete die Tür. Im Türrahmen blieb er stehen und rief erfreut: „Wirklich! Da sitzt sie auf dem Teppich! Grüß dich, Mieze!“

Wie? Nicht möglich! Tante Reni lugte über Peps hinweg. „Wo?“, fragte sie. Da legte Peps den Kopf schief, lachte freundlich zu ihr hinauf und sagte: „April, April!“ Peps hatte sie in ihren eigenen ersten April geschickt.

nach Erica Lillegg

Wie wollte Tante Reni Peps in den April schicken?
Wie schickt Peps Tante Reni in den April?
Lies nach.

Melanie sucht den Osterhasen

Melanie malt ein Osterbild. Bunte Eier malt sie und darüber Grashalme, bis die Eier fast nicht mehr zu finden sind. Die Mama liest Zeitung und der Papa rührt den Kuchenteig.

„Wie viele Hasen gibt es?“, will Melanie wissen. „Och“, sagt der Papa, „mindestens eine Million.“ „Und woran erkennt man den Osterhasen?“ Die Mama legt die Zeitung fort. „Der Osterhase hat bunte Pfoten“, sagt sie. „Vom Eieranmalen.“

Beim Gute-Nacht-Sagen wünscht Melanie sich was. Sie will in den Wald am Ostermorgen. Vielleicht trifft sie den Osterhasen.

„Du darfst aber nicht enttäuscht sein, wenn du ihm nicht begegnest“, sagt der Papa. „Der Bursche ist ziemlich scheu.“ Melanie nickt.

Am Ostermorgen fahren sie ganz früh los. Es ist noch still in der Stadt. Als die Sonne aufgeht, sind sie am Waldrand angekommen. Das Gras ist nass vom Tau.

„Psst!“, sagt der Papa. „Leise! Wir bleiben ein Stückchen hinter dir. Vor großen Leuten erschrickt er sicher.“

Da schleicht Melanie los. Eigentlich ist sie ja ängstlich. Aber vor lauter Aufregung vergisst sie das ganz. „Lieber, guter Osterhase“, flüstert sie, „mit der Hasen-Schnuppernase.“

Doch das Bunte im Gras sind nur Blumen. Und was da zwischen den Sträuchern davonhuscht, ist ein Vogel. Ganz feines grünes Moos findet Melanie und ein leeres Schneckenhaus. Das steckt sie in die Tasche. Einmal entdeckt sie eine Höhle. „Bist du da drin?“, fragt Melanie leise. Doch in der Höhle liegt bloß eine alte Limodose.

Bald sind noch mehr Leute im Wald. „Gehn wir zurück“, sagt die Mama. „Bei dem Lärm triffst du den Osterhasen sicher nicht.“ Melanie will nicht traurig sein. Sie hat ja auch das Schneckenhaus. So gehen sie zum Auto.

„Schaut!“, schreit Melanie da plötzlich. Auf der Kühlerhaube sind Pfotenabdrücke in Rot und Blau und Gelb! „Er ist dagewesen – der Osterhase!“ Und auf dem Rücksitz des Autos findet sie wahrhaftig ein Nest mit bunten Eiern.

Gina Ruck-Pauquèt

Was wünscht sich Melanie? Geht ihr Wunsch in Erfüllung? Lies nach.

Lest das Stück mit verteilten Rollen.

Der Maibaum

Der 1. Mai ist ein Feiertag.
An vielen Orten gibt es einen Brauch:
Die Leute stellen einen Maibaum auf.

Oben am Maibaum
ist ein Kranz
mit bunten Bändern.
Er soll zeigen,
dass es Frühling ist.

Am Maibaum
sind viele Tafeln.
Auf jeder Tafel ist
ein Beruf dargestellt.

Viele Leute
müssen mithelfen,
bis der Maibaum steht.
Früher haben sie
lange Stangen
zu Hilfe genommen,
heute nimmt man meistens
Traktoren, Gabelstapler
oder sogar Kräne.

Wenn der Maibaum steht,
feiern die Menschen ein Fest
mit Musik und Tanz.

Gibt es in deinem Ort einen Maibaum?
Wie sieht er aus? Schreibe und male.

Ich schenk dir einen Regenbogen

Text/Melodie: Dorothée Kreusch-Jacob, Patmos Verlag, Düsseldorf

2. Ich schenk dir hundert Seifenblasen,
sie spiegeln mein Gesicht.
Ich wünsch dir was!
Was ist denn das?
Nein – ich verrat's dir nicht!

3. Ich schenk dir eine weiße Wolke
hoch am Himmel dort.
Ich wünsch dir was!
Was ist denn das?
Es ist ein Zauberwort.

4. Ich schenk dir einen Kieselstein,
den ich am Wege fand.
Ich wünsch dir was!
Was ist denn das?
Ich schreib's in deine Hand.

5. Ich schenk dir einen Luftballon,
er schwebt ganz leicht empor.
Ich wünsch dir was!
Was ist denn das?
Ich sag's dir leis ins Ohr!

6. Ich schenke dir ein Kuchenherz,
drauf steht: „Ich mag dich so!"
Ich wünsch dir was!
Was ist denn das?
Jetzt weißt du's sowieso!

Ho l'estate – Ich habe den Sommer

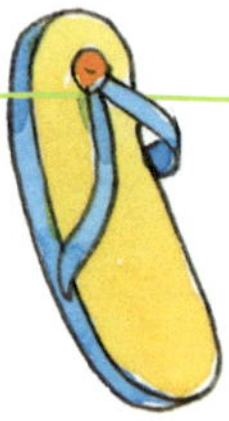

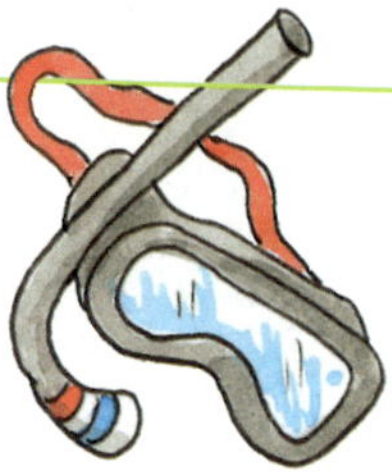

Ho l'estate tra le **mani**
un'anguria a fette larghe

Ho l'estate nelle **gambe**
sfido il vento e corro via

Ho l'estate sotto i **piedi**
è sdraiata dappertutto

Ho l'estate nella **testa**
sogni lunghi e sere chiare

Ho l'estate nella **gola**
ha sapore di gelato

Giusi Quarenghi

Ich habe den Sommer in den **Händen**
die Wassermelone in dicken Scheiben

Ich habe den Sommer in den **Beinen**
wie der Wind sause ich los

Ich habe den Sommer unter
den **Füßen** er liegt überall

Ich habe den Sommer im **Kopf**
lange Träume und helle Abende

Ich habe den Sommer im **Mund**
er schmeckt nach Eis

nach Maja Pflug

Vergleiche mit einem anderen Kind das italienische und das deutsche Gedicht. Könnt ihr ein paar italienische Wörter verstehen?
Wie spürst du den Sommer?
Schreibe und stelle deinen Text vor.

Der Sommer

Güden, Julia und Büsra

Heute scheint die Sonne
und es ist sehr heiß.
Mama und Papa rufen:
Wir gehen ans Meer und essen Eis.

Meine Brüder und ich
wollen baden gehen
und dann passiert es:

Der Regenbogen geht auf.
Der Regenbogen hat
lauter schöne Muster gemacht
und dann ist er wieder verschwunden.

Sarah

Ein Sommertag bei den Bienen

Gregor

An einem schönen Sommertag sind
wir ins Lindental gewandert.
Als wir im Lindental angekommen
sind, hat uns unsere Lehrerin in
Gruppen aufgeteilt.

Wir konnten die Bienenstöcke betrachten.
Dann durften wir Honig schleudern.
Mit dem selbstgemachten Honig
haben wir Honigbrote geschmiert.
Sie haben lecker geschmeckt.
Es war ein riesiger Garten.

Mir hat es gefallen,
obwohl der Weg sehr lang war.

Noura

Schreibt Sommertexte und malt Bilder.
Gestaltet daraus ein Sommergeschichten-Buch.

Der Regendrache Furio

Im Ozean wohnt irgendwo
der Regendrache Furio.
Er macht die kalten Regentage
und sorgt bei uns für Schnupfenplage.

Groß ist sein Kopf und dick sein Bauch,
und Riesenflügel hat er auch.
Mit denen kann er ganz wild flattern,
dann wird es kalt, dass Zähne klappern.

Schlägt er sein Klappmaul auf und zu,
dann donnert es bei uns im Nu.
Und wenn er dann noch Feuer spuckt,
ein Blitz über den Himmel zuckt.

Wenn er den Schwanz mal mit Gewalt
so richtig in die Wellen knallt,
dann spritzt das Wasser hoch und weit,
bei uns macht sich jetzt Regen breit.

Tragt das Gedicht betont vor. Sucht passende Musik dazu aus.

Er zischt durchs Wasser, taucht und prustet,
ein Donner rollt, wenn er mal hustet.
Und wenn er sich dann noch verschluckt,
aus seinem Maul er Nebel spuckt.

Ist Sonnenschein bei uns zu Hause,
schläft der Drache und macht Pause.
Drum scheint die Sonne auf dein Dach,
bleib still: sonst wird der Drache wach!

KNISTER

Es gibt noch andere Wetterdrachen. Malt und schreibt.

Hitzefrei

Heute ist ein schöner Sommertag. Schon am Vormittag scheint die Sonne kräftig ins Klassenzimmer der 2 a. Die Kinder denken mehr ans Freibad als ans Rechnen.

„Wenn es so warm ist, kann ich überhaupt nicht denken“, klagt Sarah. „Ich auch nicht“, sagt Rainer. „Mein Kopf macht schon Hitzefrei.“

„Au ja! Wir machen Hitzefrei!“, rufen die Kinder. „Halt, halt“, sagt Frau Müller. „Wir können nicht einfach Hitzefrei machen.“ Sie bläst sich die Haare aus der Stirn.

„Aber ihr habt recht, hier drin ist es wirklich viel zu warm zum Lernen. Wisst ihr was? Ihr nehmt jetzt eure Lesebücher, dann gehen wir auf den Schulhof und suchen uns ein schattiges Plätzchen.“

„Juhu! Spitze! Toll!“, jubeln die Kinder. Frau Müller legt einen Finger an den Mund.

„Aber leise, damit wir die anderen nicht stören.“ Auf Zehenspitzen schleichen die Kinder durchs Schulhaus. Sabrina kichert wie immer. „Schschscht“, macht ihre Freundin Hanne.

Draußen setzen sie sich auf eine Treppe in den Schatten. Es weht ein leichtes Lüftchen. Frau Müller lächelt. „Hier ist es doch viel angenehmer als drinnen.“ „Wie Ferien“, sagt Rainer. „Du denkst wohl nur an Hitzefrei und Ferien“, sagt Frau Müller. Rainer nickt. „Das gefällt mir an der Schule am besten.“ „Aber wir haben noch keine Ferien, sondern Deutsch-unterricht.“

Frau Müller schlägt ihr Lesebuch auf. „Und damit uns noch ein bisschen kühler wird, lesen wir jetzt ein Gedicht vom Winter. Schlagt bitte das Lesebuch Seite 27 auf!“

Eiskalt

Der Winter lässt die Menschen bibbern
und manches Mal vor Kälte zittern.

Er kriecht durch Mützen, Hosen, Jacken
und will die Menschen eiskalt packen.

Er greift nach Fingern, Nasen, Ohren
und hat schon viele halb erfroren.

Frau Müller liest das Gedicht erst einmal vor. „Friert schon jemand?“, fragt sie. „Ich“, sagt Rainer und klappert gekonnt mit den Zähnen. Die Kinder lachen. Hanne und Andreas lesen das Gedicht laut vor. Während Andreas liest, klatscht plötzlich etwas Weißes dicht neben ihm auf die Treppe.

„Es schneit! Es schneit!“, ruft Sarah. „Iiiii, das ist Vogelscheiße!“, Andreas rutscht weg.

„Das gehört eben alles zum Unterricht auf dem Schulhof“, sagt Frau Müller. Andreas liest weiter, die anderen schauen alle ängstlich nach oben. Frau Müller klatscht in die Hände. „So, jetzt spielen wir das Gedicht.“ „Wie, spielen?“ „Ich lese den Winter, und ihr spielt, wie ihr friert.“ Frau Müller liest: „Der Winter lässt die Menschen bibbern …“ Zweiundzwanzig Kinder bibbern um die Wette, und das an einem warmen Sommertag. „… und manches Mal vor Kälte zittern.“

Die Kinder zittern am ganzen Körper. Einige klappern mit den Zähnen. Andere stehen auf, tänzeln von einem Bein auf das andere und reiben sich warm.

Als sich alle wieder beruhigt haben, sagt Hanne: „Eine Zeit lang habe ich gar nicht mehr gespürt, wie warm es ist.“ „Dann hat sich unsere Lesestunde auf dem Schulhof ja gelohnt.“

Manfred Mai

Wo lernen die Kinder, wenn es heiß ist?
Wie wird es den Kindern kühler?
Lies nach.

Lest die Geschichte mit verteilten Rollen.

Gewitter

Der Himmel ist blau
Der Himmel wird grau
Wind fegt herbei
Vogelgeschrei
Wolken fast schwarz
Lauf, weiße Katz!
Blitz durch die Stille
Donnergebrülle
Zwei Tropfen im Staub
Dann Prasseln auf Laub
Regenwand
Verschwommenes Land
Blitze tollen
Donner rollen

Es plitschert und platscht
Es trommelt und klatscht
Es rauscht und klopft
Es braust und tropft
Eine Stunde lang
Herrlich bang
Dann Donner schon fern
Kaum noch zu hör'n
Regen ganz fein
Luft frisch und rein
Himmel noch grau
Himmel bald blau!

Erwin Moser

Lest das Gedicht. Malt, musiziert oder tanzt dazu.

Sommerzeit – Ferienzeit

Sommerzeit – Ferienzeit.
Da weiß doch jeder gleich Bescheid.
Du kannst faul im Bett noch bleiben.
Keiner kann dich hier vertreiben.
Spielen, lachen,
Unsinn machen.
Du kannst schlafen, du kannst dösen
oder Bilderbücher lesen.
Jetzt hast du für alles Zeit.

Sommerzeit – Ferienzeit.
Da weiß doch jeder gleich Bescheid.
Du kannst faul im Schatten liegen,
träumen, mit den Wolken fliegen,
hinter Hecken
dich verstecken,
du kannst wandern, schwimmen, baden
und durch kleine Bäche waten.
Jetzt hast du für alles Zeit.

Rolf Krenzer

In der Bücherei

In einer Bücherei gibt es viele verschiedene Medien. Diese darfst du dir ausleihen. Du kannst dort auch lesen und arbeiten.

Immer wieder gibt es dort auch tolle Veranstaltungen: Autorenlesungen, Lesenächte, Rallyes und vieles mehr.

In einer Bücherei werden verschiedene Medien gesammelt, zum Beispiel: Bücher, Hörbücher, CDs, Spiele und DVDs.

Bücher gibt es zu verschiedenen Themen: Bilderbücher, ...

... Märchenbücher, ...

... Abenteuerbücher, ...

... Tierbücher, ...

... Bücher
mit Gruselgeschichten ...

... und
Sachgeschichten, ...

... aber auch Zeitschriften und COMICS.

Damit du ein Buch oder
ein anderes Medium
mit nach Hause
nehmen kannst,
bekommst du
einen Leseausweis.

Dann kannst du dich überall umschauen.

Wenn dir etwas gefällt, kannst du es
ausleihen und mit nach Hause nehmen.

Was du dir ausleihst, wird alles
in einem Computer festgehalten.
Dafür brauchst du den Leseausweis.
Du erfährst dann auch, wie lange du
die einzelnen Medien behalten darfst.

Zuhause, kannst du dann in den Büchern
schmökern, Spiele spielen,
dir Geschichten anhören ...

... und wenn du etwas länger behalten
möchtest, kannst du die Ausleihfrist
in der Bücherei oder im Internet verlängern.

Antonia Michaelis
Über die Autorin

Antonia Michaelis ist eine Autorin.
Sie schreibt Bücher.
Sie schreibt Bücher für Kinder, für Jugendliche
und für Erwachsene.

Antonia Michaelis wurde 1979 in Kiel geboren.

Sie verbrachte die ersten beiden Jahre
ihres Lebens in einem kleinen Dorf an der
Ostsee.

Anschließend zog sie mit ihren Eltern
nach Augsburg. In Augsburg ging sie zwar zur Schule,
hat aber nie aufgepasst, weil sie unter der Bank dicke
Bücher verfassen musste.

Nach dem Abitur ging sie für ein Jahr
nach Südindien. Dort hat sie als Lehrerin
in einer kleinen Schule gearbeitet.
Anschließend studierte sie Medizin.

Zur gleichen Zeit reiste sie auch viel durch
die Welt, unter anderem nach Italien und
Griechenland, nach Syrien und England
und in die Türkei. Hier sammelte sie Wissen
und Erfahrungen, die sich in ihren Büchern wiederfinden.

Heute lebt Antonia Michaelis in einem kleinen Dorf
gegenüber der Insel Usedom. Sie schreibt Geschichten,
Gedichte und Theaterstücke für Kinder von 2 bis 122 Jahren.

Den Rest der Zeit verbringt sie mit ihren zwei Töchtern,
ihrem Mann und einem wilden Garten.

Eine Geschichte kommt selten allein

Wenn eine Geschichte vielen Menschen gefällt, bleibt sie nicht lange allein. Oft schreibt der Autor oder die Autorin eine Fortsetzungsgeschichte. Auch bei Büchern von Antonia Michaelis gibt es gleich mehrere Bände, z. B. 2 Bände von „Papa, ich und …“, 5 Bände von „Codewort 007“. Einige Bücher wurden auch schon in andere Sprachen übersetzt.

„Der kleine Quengel-Engel“ auf Chinesisch

„Viel los bei uns in Ammerlo“ auf Polnisch

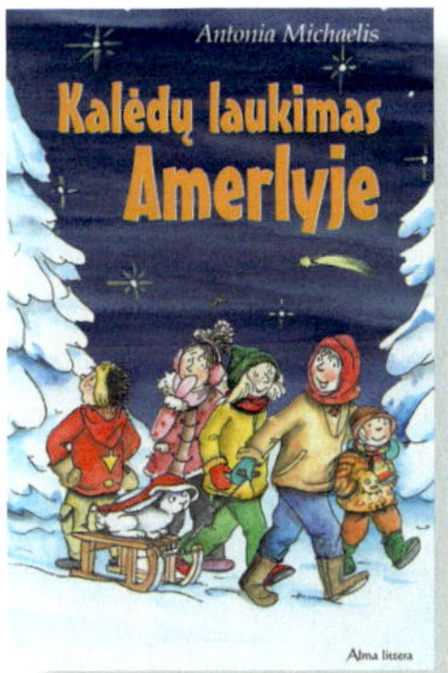

„Advent bei uns in Ammerlo“ auf Litauisch

Manche Geschichten sind plötzlich nicht mehr nur in einem Buch lebendig: Du kannst sie manchmal auch auf CD oder bei einer Lesung des Autoren oder der Autorin hören,
als Theaterstück erleben,
irgendwann vielleicht auch
als DVD zuhause
oder als Film im Kino sehen,
in Zeitschriften
oder im Internet über sie lesen.

Fragen an Antonia Michaelis

Woher haben Sie Ihre Ideen?

So eine Idee wabert durch die Gegend, fängt irgendwann an, sich zu langweilen und möchte weitergedacht werden.

Fällt Ihnen manchmal nichts ein?

Was neue Geschichten betrifft, fällt mir meistens zu viel ein. Was oft passiert, ist, dass mir die Lösung eines Problems in einer Geschichte nicht einfällt. Man erfindet ja eine möglichst aussichtslose Situation oder ein möglichst kompliziertes Rätsel für den Helden im Buch, damit es spannend ist.

Und da sitzt man dann in der Situation oder mit dem Rätsel und hat selber keine Ahnung, wie man die Sache lösen soll. Dann frage ich manchmal andere Leute oder ich mache einen ganz, ganz weiten Spaziergang und am Ende ist die Lösung eine völlig überraschende.

Wie viele Bücher haben Sie schon geschrieben?

Ach Herrje, wenn ich das wüsste!
Das ändert sich ja jedes halbe Jahr, immer, wenn neue erscheinen.

Wo schreiben Sie?

Ich habe meinen Laptop immer dabei, was man ihm irgendwie ansieht. Ab und zu fallen Tasten oder andere Teile ab. Ich schreibe im Zug, auf Lesereisen nachmittags im Café und, wenn die Sonne scheint, im Garten.

Warum schreiben Sie für Kinder?

Ich habe angefangen zu schreiben, als ich ein Kind war. Vermutlich liegt es daran. Aber ich schreibe Bücher für alle Leute, ganz kleine, mittelgroße und auch zwei Meter große Männer.

Haben Sie noch einen anderen Beruf neben dem Bücherschreiben?

Meine Eltern haben früher zu mir gesagt, ich bräuchte noch einen Brotberuf. Nein, das ist nicht Bäcker. Das bedeutet, dass man einen Beruf haben sollte, bei dem man seine Brötchen verdienen kann. Deshalb habe ich Medizin studiert und besitze ein Papier, wo drauf steht, dass ich als Arzt irgendwo anfangen dürfte zu arbeiten. Aber ich habe nie als Arzt gearbeitet.

Was haben Sie als Kind gelesen?

Viel. Meine Lieblingsbücher waren die von Astrid Lindgren, alle außer Pipi Langstrumpf. Die hat mir irgendwie zu viel mit Tortenschmeißen am Hut. Dann gab es noch Ende und Preußler und auch schon den Herrn Maar … und all die anderen.

Waren Sie in der Schule gut in Deutsch?

Oh nein. In der Grundschule habe ich zum Thema grundsätzlich einen Romananfang geschrieben statt eine in sich abgeschlossene Geschichte.

Ist es notwendig, Kindern vorzulesen?

Ich finde, schon. Man sollte es wenigstens versuchen. Wenn jemand Vorlesen absolut furchtbar findet, kann man nichts machen. Übrigens müsst ihr aber auch euren Eltern vorlesen. Die Armen bekommen viel zu wenig vorgelesen. Am schönsten sind Bücher meiner Meinung nach, wenn man sie sich gegenseitig vorliest, immer abwechselnd, und zwischendurch darüber redet, wie es weitergehen könnte, wer der Mörder wohl ist, wie sich das Rätsel löst, wen man von den Figuren im Buch blöd und wen man nett findet und so weiter und so fort.

So erzählt Antonia Michaelis in ihrem Buch:

Papa, ich und die Dinosaurier

Dinosaurier sind die coolsten Tiere auf der Welt. Ich habe dreizehn Bücher über Dinos, sieben Dino-Figuren aus Plastik und ein Spiel mit 60 Dino-Karten. Papa und ich spielen jeden Tag mit den Dino-Karten. Wer die besseren Dinos hat, gewinnt.

An einem Sonntagnachmittag hat Papa keine Lust mehr auf Dino-Karten.

„Johann, spiel alleine mit den Karten!“, sagt er. „Ich leg mich ein bisschen aufs Ohr.“ Alleine Karten spielen ist eine blöde Idee. „Ich kann ein Zauberwort!“, rufe ich.

„Wenn ich das sage, kommen lauter echte Dinos!“ Ich zeige auf eine Dino-Karte. Darauf steht ein laaaanges Wort. Ich hole tief Luft und sage: „Mikro-pa-tschi-ze-falo-Saurus!“ Geschafft.

Da höre ich nebenan ein komisches Rumpeln. Ist Papa vom Bett gefallen? Es rumpelt noch einmal. Vorsichtig schleiche ich zum Schlafzimmer.

„Papa?“, frage ich. Niemand antwortet. Ich öffne langsam die Tür.

Da steht ein Dinosaurier, mitten im Schlafzimmer! Seine Beine sind kurz und stark. Auf dem Rücken hat er Zacken. Schön ist er nicht. Aber ziemlich echt. Auf einmal bekomme ich Angst. „Wo ist Papa?“, flüstere ich. „Hast du Papa gefressen?“

Wie der mich ansieht! Als ob er mir etwas sagen will. Oder … als ob er mich fressen will.

„Hilfe!“, schreie ich und renne in die Küche. Ich muss mich verstecken. Aber wo? Im Mülleimer? Zu dreckig. Ich hocke mich unter den Küchenstuhl. Das ist auch kein gutes Versteck. Da fallen mir die Dino-Karten ein. Ich ziehe sie hervor. Aha! Das ist der Saurier aus dem Schlafzimmer! Stegosaurus heißt er. Und er frisst nur Pflanzen. Was für ein Glück!

Moment mal! Ich denke scharf nach: Papa ist ins Schlafzimmer gegangen. Papa ist weg. Im Schlafzimmer war nur der Dino. Ich gucke mir den Stegosaurus genau an. „Bist du … Papa?“, flüstere ich. Der Stegosaurus nickt wild mit seinem hässlichen kleinen Kopf. „Ups“, sage ich. „Du bist gar kein Stegosaurus! Du bist ein Papa-Saurus! Ich habe dich verwandelt, mit dem Zauberwort!“

Was mache ich jetzt? Ich bin mir ziemlich sicher, dass es verboten ist, seinen Papa in einen Dino zu verwandeln.

Antonia Michaelis

Inhalt

Quellennachweise

Textquellennachweis

5 A, E, I, O U, aus: Josef Guggenmos: Der Hase, der Hahn und die Kuh im Kahn. München: dtv 1977; **11** Frau Boskop und ihr Krimskrams, aus: Ulrike Kaup: Schulgeschichten. Würzburg: Arena Verlag 1999, S. 4ff. (Auszug); **12f.** Eine tolle Rolle, aus: Sabine Jörg: Schulklassengeschichten. Der Abc-Bär. Würzburg: Arena 1998², S. 24ff.; **14** Siggi Gsell: Große Pause, aus: Siegfried Buck (Hrsg.): Bausteine Lesebuch 2, Frankfurt a.M.: Moritz Diesterweg Verlag 2009, S. 12; **16** Das verzauberte Klassenzimmer. Die neue Schülerin, aus: Cornelia Funke: Schule ist einfach klasse! Bindlach: Loewe Verlag 2012, S. 67ff.; **17** Das verzauberte Klassenzimmer. Die Zappelkreide, aus: Cornelia Funke: Schule ist einfach klasse! Bindlach: Loewe Verlag 2012, S. 73ff.; **18** Friedl Hofbauer: Wenn ein Löwe in die Schule geht. München: Annette Betz Verlag 2011, S. 2, 4, 18, 12 (Auszug); **20** Anne Steinwart: Ich, aus: Hans Gärtner (Hrsg.): Das große Vorlesebuch für Kindergartenkinder. Würzburg: Arena Verlag 1992, S. 41 © Anne Steinwart; **21** Andreas Remenyi: Das Maglied, aus: Georg Bydlinski (Hrsg.): Der neue Wünschelbaum. Gedichte für Kinder und ihre Erwachsenen. Wien: Dachs Verlag 1999, S. 93; **22f.** Brigitte Minne, Natali Fortier. Was ich mag ... Kempen: Moses Verlag 2005, S. 56, 27, 14, 33, 41, 77, 46, 30; **24f.** Warum? - Darum!, aus: Ute Andresen: Wir sind vier! München: dtv 1999, S. 59ff.; **26f.** Laura weiß was Wichtiges, nach: Rosemarie Künzler-Behncke: Laura legt los. München: Verlag Heinrich Ellermann 1993, S. 2ff.; **28** Gerda Wagener: Der Kuchen, aus: Sabine Brügel-Fritzen (Hrsg.): Selbst Riesen sind am Anfang klein. München: Verlag Heinrich Ellermann 1993, S. 12; **31** Ich kann lesen, aus: Siegfried Buck: Leseleiter. Lesebuch für das 2. Schuljahr. Bochum: Kamp Verlag 1993, S. 57; **32f.** Fritz Ferkel, aus: Axel Scheffler und Martine Oborne: Fritz Ferkel (aus dem Englischen von Salah Naoura) Weinheim/Basel: Beltz & Gelberg in der Verlagsgruppe Beltz 2008, S. 2f., 6f., 12f., 22f., 25; **34f.** Das Drachen-Ei, aus: Antonia Michaelis: Lesetiger: Drachengeschichten, Bindlach: Loewe Verlag 2011², S. 8ff.; **36** Manchmal wär ich gern ein Elefant, aus: Dietl, Erhard: Machmal wär ich gern ein Tiger, München: arsEdition GmbH 2011, S. 22; **37** Manchmal wär ich gern Pilot, aus: Dietl, Erhard: Machmal wär ich gern ein Tiger, München: arsEdition GmbH 2011, S. 12; **38** Heidemarie Brosche: Wenn ich groß bin, aus: Jahrbuch für Kinder 1997. Hrsg. von der Zeitschrift „spielen und lernen". Seelze: Velber Verlag 1996, S. 26; **39** Fritz Ferkel, aus: Axel Scheffler und Martine Oborne: Fritz Ferkel (aus dem Englischen von Salah Naoura) Weinheim/Basel: Beltz & Gelberg in der Verlagsgruppe Beltz 2008, S. 15ff.; **41** Mein Traumpferd, aus: Josef Guggenmos: Oh, Verzeihung, sagte die Ameise. Weinheim/Basel: Beltz und Gelberg 2002, S. 89; **42f.** Ritter Rost und der Drache, aus: Jörg Hilbert und Felix Janosa: Kleine Abenteuer mit Ritter Rost, Hamburg: Carlsen 2012, S. 3ff. (Auszug); **44f.** Onkel Dagobert: Ein zweifelhaftes Geschäft, aus: Walt Disneys Micky Maus vom 15.02.1990, Nr. 8, S. 44f. (Auszug); **46f.** Heinz Janisch: Der beste Pirat von allen. Hamburg: Carlsen Verlag GmbH 2009, S. 2ff. (Auszug); **48f.** Max Kruse: Wie man auf der Didnik-Insel zur Schule kommt, aus: Renate Raecke (Hrsg.): Das große Max Kruse-Buch. Ich und du und Müllers Kuh und 1000 Kaffeebohnen. Köln: Boje Verlag in der Bastei Lübbe GmbH & Co. KG 2011, S. 36f. (Auszug); **51** Das Schwarze Meer, aus: Bernd und Marianne Flessner: Käpt'n Blaubärs Quiz- und Lügenbuch. Ravensburg: Otto Maier Verlag 1993, S. 18ff.; **51** Das Schnabeltier, aus: Bernd und Marianne Flessner: Käpt'n Blaubärs Quiz- und Lügenbuch. Ravensburg: Otto Maier Verlag 1993, S. 18ff.; **51** Blauwalmilch, aus: Bernd und Marianne Flessner: Käpt'n Blaubärs Quiz- und Lügenbuch. Ravensburg: Otto Maier Verlag 1993, S. 18ff.; **52** Der Wal (Auszug), aus: Duden. Grundschul-Lexikon, Mannheim: Duden. Bibliographisches Institut GmbH 2011, S. 256; **54** Boing-Boing-Blubber, aus: Tim Kehoe, Susanne Evans (Übersetzer): Vincent Shadow und seine fabelhaften Erfindungen: Vincents Skizzenbuch, München: bjc 2011; **55** Regenbogen Raketä, aus: Tim Kehoe, Susanne Evans (Übersetzer): Vincent Shadow und seine fabelhaften Erfindungen: Vincents Skizzenbuch, München: bcj 2011; **56** Wasser mit Klebkraft, aus: Hermann Krekeler: Neue spannende Experimente. Ravensburg: Ravensburger 2011, S. 13; **57** Flinke Wirbelflieger, aus: Hermann Krekeler: Neue spannende Experimente. Ravensburg: Ravensburger 2011, S. 69; **61** Die Schere, aus: Erwin Grosche: Ich hab dich gern, du hast mich gern. München: cbj 2011, S. 21; **62f.** Wolkenbrot, aus: Baek Hee Na (Text und Illustrationen), Kim Hyang Soo (Fotografie), Christina Youn-Arnoldi (Übersetzung): Wolkenbrot. München: mixtvision Verlag 2009 (Auszug); **65** Wandas erste Schulgeschichten, aus: Dagmar Geisler: Wandas erste Schulgeschichten, München: dtv 2012, S. 5, 8, 9 (Auszug); **66f.** Barbara Cratzius: Die Geschichte vom kleinen Regenbogengespenst, aus: Sabine Brügel-Fritzen (Hrsg.): Vorlese-Omnibus. München: C. Bertelsmann 1998, S. 163ff.; **68** Das ist ein Olchi, aus: Erhard Dietl: Die Olchis und der faule König, Hamburg: Verlag Friedrich Oetinger GmbH 2004, S. 4f.; **69** Die häufigsten Gespensterarten, aus: Hajo Blank: Vorsicht, Geisterstunde! Münster: Coppenrath Verlag 1998, S. 27 (Auszug); **70** Paul Maar: Im Schneckenhaus, aus: JAguar und NEINguar. Gedichte von Paul Maar. Hamburg: Verlag Friedrich Oettinger GmbH 2007, S. 100; **71** Hans Baumann: Wie Tierkinder schlafen. © 2013 Veronika Braune-Baumann; **72f.** Susanne Riha: Das kleine Eichhörnchen. Wien/München: Annette Betz Verlag im Verlag Carl Ueberreuter 1990 (Auszug); **76f.** Paul Maar: Das kleine Känguru und seine Freunde Hamburg: Verlag Friedrich Oettinger GmbH 1991, S. 83ff. (Auszug); **79** nach Paul Maar: Schlabberschlangen-Tanz, aus: JAguar und NEINguar. Gedichte von Paul Maar. Hamburg: Verlag Friedrich Oettinger GmbH 2007, S. 130f.; **80** Alligatorwart, Bikinilpferd, Mamarsmensch, Omammut, aus Isabel Pin: A-B-Zebra. Der Doppelwörterspaß. Köln: Boje Verlag 2012; **82f.** Der Beste im Tor, aus: Volkmar Röhrig: Die besten Fußballgeschichten. Würzburg: Arena Verlag 2012, S. 27ff.; **84f.** nach Helme Heine: König Hupf der Erste, aus: Claudia Müller (Hrsg.): Die schönsten Märchen für die Kleinen: Von den Brüdern Grimm, H.C. Andersen. Hamburg: Verlag Heinrich Ellermann im Dressler Verlag GmbH 2012, S. 7ff.; **88** Die Geschichte vom lustigen Mädchen, aus: Ursula Wölfel: Zwanzig verrückte Geschichten in Schreibschrift. Düsseldorf: Hoch Verlag, 1976, S. 5f.; **89** Vera Ferra-Mikura: Wo mache Worte wohnen, aus: Hans Domenego u. a.: Das Sprachbastelbuch. Wien: G&G Buchvertriebsgesellschaft mbH 2006, S. 91; **92** Die Sonne, aus: Rainer Crummenerl: Das will ich wissen - Sterne und Planeten. Braunschweig: Arena Verlag 2005; **95** Warum schweben Astronauten im Weltall?, aus: Carol Stott: Warum funkeln Sterne?, Tessloff Verlag 1994, S. 30; **95** Warum tragen Astronauten Raumanzüge?, Warum schlafen Astronauten?, Was ist, wenn ein Astronaut mal muss?, aus: Carol Stott: Warum funkeln Sterne?, Tessloff Verlag 1994, S. 30 (Textänderungen —› s. Original); **96f.** Notruf vom Planeten Borus, aus: Cornelia Funke: Mick und Mo im Weltraum. Oetinger Verlag, Hamburg, 2012, S. 5ff. (Auszug); **100** Wie fühlst du dich?, aus: Aliki Brandenberg: Gefühle sind wie Farben. Weinheim/Basel: Beltz &Gelberg in der Verlagsgruppe Beltz 1987, S. 31; **101** Ilse von Heyst: Bist du ein richtiger Junge? Bist du ein richtiges Mädchen, aus: Fuhrmann, Joachim (Hrsg.): Gedichte für Anfänger. Reinbek: Rowohlt Verlag 1980, S. 21; **102** Jakob ist traurig. Warum?, aus: Lene Mayer-Skumanz: Das Kindernest. Geschichten, Gedichte, Spiele und Lieder für Familie und Kindergarten. Freiburg/Basel/Wien: Herder Verlag 1979, S. 65; **103** Jakob ist froh. Warum?, aus: Lene Mayer-Skumanz: Das Kindernest. Geschichten, Gedichte, Spiele und Lieder für Familie und Kindergarten. Freiburg/Basel/Wien: Herder Verlag 1979, S. 14; **104** Olli kann auch schwimmen, aus: Peter Härtling: Sofie macht Geschichten, Weinheim/Basel: Beltz & Gelberg 1987, S. 26; **105** Gerald Jatzek: Krokodil ..., aus: Gelberg, Hans-Joachim (Hrsg.): Oder die Entdeckung der Welt. Geschichten, Bilder, Märchen, Lebensbilder, Gedichte. 10. Jahrbuch der Kinderliteratur. Weinheim/Basel: Beltz & Gelberg 1997, S. 282; **105** Frantz Wittkamp: Warum sich Raben streiten, aus: Gelberg, Hans-Joachim (Hrsg.): Überall und neben dir. Gedichte für Kinder. Weinheim/Basel: Beltz & Gelberg 1989, S. 40; **106f.** Frauke Nahrgang: Laura spielt Detektiv. Würzburg: Edition Bücherbär im Arena Verlag GmbH 1998; **108** Ingrid Kötter: Der Kletterkönig (Originaltitel: König und Königin), aus: Schulklassengeschichten. Würzbug: Arena 1996, S. 4ff.; **109** Das Stirnband, aus: Sabine Jörg: Schulklassengeschichten. Der Abc-Bär. Würzburg: Arena 1998², S. 18ff.; **112 f.** Barbara Hartmann: Ein Tag mit Mbeiza, in: GEOmini Nr. 3/2010. Hamburg: Gruner + Jahr AG & Co KG, S. 18ff.; **116** Ich kenn ein Land, das du nicht kennst, und dieses Land heißt Mexiko, aus: Martina Badstuber: Ich kenn ein Land, das du nicht kennst ... Berlin: Tulipan 2008; **117** Ich kenn ein Land, das du nicht kennst, und dieses Land heißt Norwegen, aus: Martina Badstuber: Ich kenn noch ein Land, das du nicht kennst ... Berlin: Tulipan 2010; **121** Erwin Grosche: Wichtige Märchenadressen, aus: Hans-Joachim Gelberg (Hrsg.): Oder die Entdeckung der Welt. Weinheim/Basel: Beltz Verlag 1997, Programm Beltz und Gelberg, S. 74; **124f.** Vom Sternenkind, aus: Karin Jäckel, Leselöwen Schlummergeschichten © Text 1995 Loewe Verlag GmbH, Bindlach, Neu illustriert von Martina Gollnick; **126f.** Gianni Rodari: Die falsch erzählte Geschichte, aus: Wagenbach, Klaus (Hrsg.): Wie der Hund und der Mensch Freunde wurden. Berlin: Wagenbach Verlag 1999, S. 88f.; **128** Das Auto hier heißt Ferdinand, aus: Janosch: Das große Janosch-Buch. Weinheim: Beltz 1976, S. 8f.; **129** Das starke Auto Ferdinand, aus: Janosch: Das große Janosch-Buch. Weinheim: Beltz 1976, S. 234f.; **130f.** Das gereimte Jahr: James Krüss: Der wohltemperierte Leierkasten. Gütersloh: Mohn Verlag 1961, S. 21; **132** September, aus: Elisabeth Borchers: Und oben schwimmt die Sonne davon. München: Verlag Heinrich Ellermann 1965, S. 37; **133** Herbst ist ..., aus: Bernhard Lins: Das Jahr lacht unterm Regenschirm. Gedichte für Kinder. Innsbruck/Wien: Tyrolia Verlag 1995, S. 56; **133** Herrmann Siegmann: Herbsträtsel, aus: Arbeitsgemeinschaft Jugend und Bildung e.V.: Zeitschrift „Mücke" 10/1981. Wiesbaden: Universum Verlagsanstalt, S. 18; **134** Regen, aus: Gina Ruck-Pauquèt: draußen. Detmold: Deutsches Jugendherbergswerk o.J., S. 84; **136** nach Martin Thull: Laternenumzüge gibt es noch nicht lange, aus: Martin Thull (Hrsg.): Mein Buch vom Heiligen Martin. Köln: h + l Verlag 2002; **138** Joseph Maria Lutz: Waldweihnacht, aus: Hannes S. Macher (Hrsg.): Zum Christkindl. Weihnachtliche Texte aus Bayern. Kempten: W. Ludwig 1989, S. 23; **139** Christian Morgenstern: Winternacht, aus: Richard Pils (Hrsg.): Christian Morgenstern. Herr Löffel und Frau Gabel. Kindergedichte. Weitra, Österreich: Verlag publication PN°1 Bibliothek der Provinz, S. 38; **140f.** Annegret Fuchshuber: Ein Geschenk für den Nikolaus. Ravensburg: Ravensburger Buchverlag 1998, S. 22ff.; **142f.** Gina Ruck-Pauquèt: Traumbescherung, aus: Klaus Ruhl (Hrsg.): Spielen und Lernen: Jahrbuch für Kinder 1989, Seelze: Velber Verlag GmbH 1988, S. 122f.; **144f.** Helga Aichinger: Der Hirte, aus: Kristina Franke (Hrsg.): Wir warten auf's Christkind, Münster: Coppenrath 1995, S. 68f.; **148** Es schneit, aus: Katrin Arnold: Der Sternenwagen. München: Verlag Heinrich Ellermann 1983, S. 10ff. (Strophe 1-3); **150f.** Die Grille und der Maulwurf, aus: Janosch: Die Maus hat rote Strümpfe an. Janosch's bunte Bilderwelt. Weinheim/Basel: Beltz&Gelberg 1978, S. 27ff.; **152** Friedl Hofbauer: Lied der Eiszapfen, aus: Georg Bydlinski (Hrsg.): Der neue Wünschelbaum. Gedichte für Kinder und ihre Erwachsenen. Wien: Dachs Verlag 1999, S. 79; **152** Eva Rechlin: Der Schneemann, aus: Hans-Joachim Gelberg (Hrsg.): Die Stadt der Kinder. Recklinghausen: Georg Bitter Verlag 1969, S. 74 © Eva Bartoschek-Rechlin; **155** Frühling, aus: Christine Nöstlinger: Der Frühling kommt. Hannover. Hermann Schroedel 1971, S. 2; **156** František Halas: Was der Frühling alles tun muss, aus: Hans Baumann (Hrsg.): Ein Reigen um die Welt. München: Deutscher Taschenbuch Verlag 1983; **157** Der erste April, nach: Erica Lillegg: Peps. Stuttgart: Thienemann Verlag 1964, S. 52ff.; **158** Gina Ruck-Pauquèt: Melanie sucht den Osterhasen, aus: Sabine Brügel-Fritzen: Selbst Riesen sind am Anfang klein. München: Verlag Heinrich Ellermann 1993, S. 72ff. © Gina Ruck-Pauquèt; **162** Giusi Quarenghi: Ho l'estate (Deutsch von Maja Pflug: Ich spür den Sommer), aus: Internationale Jugendbibliothek München (Auswahl und Herausgabe): ARCHE KINDERKALENDER 2011. Mit Gedichten um die Welt und einem Vorwort von Peter Härtling. Zürich, Hamburg: Arche Kalender Verlag GmbH 2010, Monat Juli; **163** Sarah Kling: Der Sommer, aus: Maria Montessori Grundschule Hausen (Hrsg.): Mit der Schnecke durch das Jahr. Kinder schreiben für Kinder. Stuttgart: Maria Montessori Grundschule Hausen 2007, S. 92; **163** Noura Besbes: Ein Sommertag bei den Bienen, aus: Maria Montessori Grundschule Hausen (Hrsg.): Mit der Schnecke durch das Jahr. Kinder schreiben für Kinder. Stuttgart: Maria Montessori Grundschule Hausen 2007, S. 96; **164f.** KNISTER: Der Regendrache Furio, aus: Klaus Ruhl (Hrsg.): Spielen und Lernen - Jahrbuch für Kinder 1994. Seelze: Velber Verlag 1993, S. 80f.; **166f.** Hitzefrei, aus: Manfred Mai: Leselöwen-Schulhofgeschichten. Bindlach: Loewe Verlag 2002, S. 20ff.; **168** Erwin Moser: Gewitter, aus: Hans-Joachim Gelberg (Hrsg.): Überall und neben dir. Weinheim/Basel: Beltz & Gelberg 1986, S. 260; **169** Sommerzeit - Ferienzeit, aus: Rolf Krenzer (Hrsg.): Lieber Frühling, lieber Sommer. Münster: Menschenkinder Verlag, S. 75; **173** Sreenshot: Homepage Antonia Michaelis: www.antonia-michaelis.de; **174f.** Fragen an Antonia Michaelis: Interview von der Homepage: www.antonia-michaelis.de; **176ff.** Antonia Michaelis: Papa, ich und die Dinosaurier. Hamburg: Verlag Friedrich Oetinger 2012, S. 5ff. (Auszug)

Musikquellennachweis

115 Ich gebe dir die Hände, aus: Rolf Krenzer, Ludger Edelkötter: Ich gebe dir die Hände. Liedheft mit Spielanleitungen. Neue Spiellieder zum Gernhaben. Drensteinfurt: Impulse Musikverlag 2002: KiMu Kinder Musik Verlag GmbH, Velbert; **137** Ein armer Mann (St. Martin), aus: Rolf Krenzer, Peter Janssens: Kommt alle und seid froh. Ein Regenbogen voller Lieder für Kinder. Telgte: Peter Janssens Musik Verlag 1982 © Peter Janssens Musikverlag, Telgte; **153** Trat ich heute vor die Türe, aus: Christa Spangenberg: Hopp, hopp, hopp Pferdchen lauf Galopp. München: Verlag Heinrich Ellermann 1978; **161** Dorothée Kreusch-Jacob: Ich schenk dir einen Regenbogen, aus: Dorothée Kreusch-Jacob (Hrsg.): Heute Nacht steigt der Mond übers Dach. Leises und Lautes, Gereimtes und Ungereimtes vor de Schlafengehen. München: Verlag Heinrich Ellermann 1986, S. 106f. © Patmos Verlag Düsseldorf

Bildquellennachweis

5.Wimpelkette Fotolia.com (kristina rütten), New York; **10** BPK, Berlin © K. Appel Foundation/VG Bild Kunst, Bonn 2013 [Karel Appel: Questioning Children]; **11** aus: Ulrike Kaup/Schulgeschichten Illustrationen von: Betina Gotzen-Beek © 1999 Edition Bücherbär im Arena Verlag GmbH, Würzburg; **12/13** aus: Sabine Jörg/Schulklassengeschichten, Illustrationen von: Julia Ginsbach, © 1997 Arena Verlag GmbH, Würzburg; **16/17** aus: Cornelia Funke, Das verzauberte Klassenzimmer, illustriert von der Autorin © 1997 Loewe Verlag GmbH, Bindlach; **18** Friedl Hofbauer/Petra Probst (Illustrationen): Wenn ein Löwe in die Schule geht. 2001 © Annette Betz in der Ueberreuter Verlag GmbH, Berlin; **20.1** Thinkstock (Fuse), München; **20.2** shutterstock (Raisa Kanareva), New York, NY; **20.3** dreamstime.com (Nataliia Prokofyeva), Brentwood, TN; **20.4** shutterstock (Denis Kuvaev), New York, NY; **20.5** shutterstock (Valentina Razumova), New York, NY; **20.6** shutterstock (Gelpi JM), New York, NY; **20.7** Thinkstock (Photodisc), München; **24/25** Ute Andresen: Wir sind vier. Illustrationen von Susann Opel-Götz. © 1991, 1992, 1999 Deutscher Taschenbuchverlag, München; **26/27** Illustration von Carmen Hochmann nach: Rosemarie Künzler-Behncke: Laura legt los, Verlag Heinrich Ellermann, Verlagsgruppe Oetinger, Hamburg, 1993; **30** Lettl-Museum für surreale Kunst Augsburg, www.lettl.de; **32/33** First published 1996 as Juice the Pig by Macmillan Children's Books. Published 2007 as Hamilton's Hats by Macmillan Children's Books. Text copyright © Martine Osborne, 1996, 2007. Illustrations copyright © Axel Scheffler 1996, 2007. Für Deutschland: Aus: Martin Osborne, Axel Scheffler, Fritz Ferkel © 1996 Beltz & Gelberg in der Verlagsgruppe Beltz, Weinheim/Basel.; **34/35** Das Drachen-Ei aus: Antonia Michaelis, Lesetiger-Drachengeschichten illustriert von Betina Gotzen-Beek © 2009 Loewe Verlag GmbH, Bindlach; **36.1** Erhard Dietl, München; **36.2** Klett-Archiv (Alina), Stuttgart; **37.1** Erhard Dietl, München; **37.2** Klett-Archiv, Stuttgart; **38** Davidovic, Zora, Schiersfeld; **40** akg-images, Berlin; **42/43** Jörg Hilbert, Felix Janosa, Kleine Abenteuer mit Ritter Rost, Illustrationen Jörg Hilbert © Carlsen Verlag GmbH, Hamburg 2012; **44/45** © Disney; **46/47** Heinz Janisch, Der beste Pirat von allen, Illustrationen von Karsten Teich © Carlsen Verlag GmbH, Hamburg 2009; **48/49** aus: Ich und Du und Müllers Kuh und 1.000 Kaffebohnen. Das große Max Kruse-Buch, herausgegeben von Renate Raecke und illustriert von Christine Brand © 2011 Boje Verlag in der Bastei Lübbe GmbH & Co. KG; **50** Getty Images (Iconica/Steohen Wilkes), München; **51** Picture-Alliance, United Archiv [Szene aus dem Film: Käpt'n Blaubär, Regie: Hayo Freitag, Senator Entertainment AG]; **52** Thinkstock (iStockphoto), München; **53.1** Thinkstock (Martin Camm), München; **53.2** Corbis (Martin Camm (WAC)/Nature Picture Library), Düsseldorf; **53.3; 53.4; 53.5; 53.6; 53.7** © Heike Pahlow/Lingo4you Müller & Pahlow GbR; **53.Logo** Mozilla Corporation; **54/55** Tim Kehoe, Vincent Shadow und seine fabelhaften Erfindungen © 2011 cbj Verlag, München, in der Verlagsgruppe Random

House GmbH, Übersetzung: Susanne Evans; **56/57** Hermann Krekeler: Neue spannende Experimente © 2011 by Ravensburger Buchverlag Otto Maier GmbH, Ravensburg; **60** Auktionshaus Ketterer Kunst, www.kettererkunst.de, aus Hilde Krüger, Der Widiwondelwald. Ein Bilderbuch aus bunten Dreiecken. Mit 12 ganzseit. farb. Illustrationen von H. Krüger. Berlin, J. H. w. Dietz Nachf. (1924); **62/63** Baek Hee Na (Text und Illustration), Kim Hyang Soo (Lichtbilder), Christina Youn-Arnoldi (Übersetzung): Wolkenbrot, mixtvision Verlag, München 2009; **65** Dagmar Geisler: Wandas erste Schulgeschichten. Illustrationen von Dagmar Geisler. © 2012 Deutscher Taschenbuch Verlag, München; **67** Aktive Musik Verlagsgesellschaft mbH, Dortmund; **70.1** shutterstock (Sebastian Duda), New York, NY; **70.2** Illustration von Paul Maar, aus: Jaguar und Neinguar. Gedichte von Paul Maar © Verlag Friedrich Oetinger, Hamburg 2007; **72/73** Susanne Riha: Das kleine Eichhörnchen 1. Auflage 1990 © Annette Betz in der Ueberreuter Verlag GmbH, Berlin; **75.1** Fotolia.com (dieter76), New York; **75.2** Fotolia.com (jeancliclac), New York; **75.3** Thinkstock (iStockphoto), München; **77** Paul Maar, Das kleine Känguru und seine Freunde © Verlag Friedrich Oetinger, Hamburg 1991; **78** Getty Images (Photo Researchers/ Millard H. Sharp), München; **79** Illustration von Ute Krause, aus: Jaguar und Neinguar. Gedichte von Paul Maar © Verlag Friedrich Oetinger, Hamburg 2007; **80** Das A-B-Zebra von Isabel Pin, © 2013 Boje Verlag in der Bastei Lübbe GmbH & Co. KG; **82/83** aus: Willi Fährmann, Manfred Mai, Volkmar Röhrig. Illustriert von Dorothea Ackroyd, Falko Honnen, Jutta Gabert. Die besten Fußballgeschichten. Arena Verlag, Würzburg; **90/91** Thinkstock (iStockphoto), München; **90.1** Fotolia.com (alessandrozocc), New York; **90.2** Getty Images (National Geographic), München; **90.3** Thinkstock (iStockphoto), München; **91.1** Thinkstock (iStockphoto), München; **91.2** shutterstock (Phaitoon Sutunyawatchai), New York, NY; **91.3** shutterstock (BGSmith), New York, NY; **92/93** shutterstock (Orla), New York, NY; **93** Corbis (William Radcliffe/Science Faction), Düsseldorf; **94** f1 online digitale Bildagentur, Frankfurt; **95** Thinkstock (Goodshoot), München; **96/97** Illustrationen von Tina Schulte, aus: "Mick und Mo im Weltraum" von Cornelia Funke © Verlag Friedrich Oetinger, Hamburg 2012; **98** Mauritius Images (Science Faction), Mittenwald; **100** Aus: Aliki, Gefühle sind wie Farben © 1987 Beltz & Gelberg in der Verlagsgruppe Beltz, Weinheim/Basel; **106** Neu illustriert von Carmen Hochmann nach: Frauke Nahrgang, Laura spielt Detektiv, Edition Bücherbär im Arena Verlag GmbH, Würzburg 1998. Einband und Illustrationen: Annette Fienieg.; **110/111** Thinkstock (iStockphoto), München; **112/113** Barbara Hartmann Photography, München; **116.1** aus: Ich kenn noch ein Land, das du nicht kennst ... Text und Bilder: Martina Badstuber. © 2010 Tulipan Verlag Berlin.; **116.2** aus: Ich kenn ein Land das du nicht kennst ... Text und Bilder: Martina Badstuber. © 2008 Tulipan Verlag Berlin; **117.1** aus: Ich kenn ein Land das du nicht kennst ... Text und Bilder: Martina Badstuber. © 2008 Tulipan Verlag Berlin; **117.2** aus: Ich kenn noch ein Land, das du nicht kennst ... Text und Bilder: Martina Badstuber. © 2010 Tulipan Verlag Berlin.; **118** dreamstime.com, Brentwood, TN; **120** Aus: Su Blackwell & Wendy Jones: Mein Märchenwald. Knesebeck Verlag 2012; **124/125** Vom Sternenkind Aus: Karin Jäckel, Leselöwen Schlummergeschichten © Text 1995 Loewe Verlag GmbH, Bindlach, Neu illustriert von Martina Gollnick; **129** aus: Janosch, Das große Janosch-Buch © 1976 Beltz & Gelberg in der Verlagsgruppe Beltz, Weinheim/Basel sowie Janosch film & medien AG; **146.1** shutterstock (GOLFX), New York, NY; **146.2** Fotolia.com (Carlos Santa Maria), New York; **147.1** iStockphoto (Sarah Bossert), Calgary, Alberta; **147.2** VISUM Foto GmbH (PhotoXPress), Hamburg; **148** Getty Images, München; **150/151** Aus: Janosch, Die Maus hat rote Strümpfe an © 1978 Beltz & Gelberg in der Verlagsgruppe Beltz, Weinheim/Basel, Janosch film & medien AG; **154** György Lehoczky: Mukis Wunderbaum 1. Auflage 1971 © Annette Betz in der Ueberreuter Verlag GmbH, Berlin; **155** Fotolia.com (ufotopixl10), New York; **163** Maria Montessori Grundschule Hausen, Stuttgart; **164/165** Grafik-Atelier Sabine Lohf, Bad Nenndorf; **166/167** So eine Hitze aus: Manfred Mai, Leselöwen Schulhofgeschichten (c) Text 1992 Loewe Verlag GmbH, Bindlach, neu illustriert von Martina Gollnick; **172** http://www.bernhard-ludewig.de/; **173.1** Antonia Michaelis, Der kleine Quengelengel © 2004 Loewe Verlag GmbH, Bindlach, für die chinesische Ausgabe ©2009 China Electric Power Press Ltd., Beijing; **173.2** Antonia Michaelis, Lato w Ammerlo, Egmont Polska; **173.3** Antonia Michaelis, Kaledu laukimas Amerlyje, UAB Alma Littera, Enterprise group Alma littera, Vilnius, www.almalittera.lt; **173.4** Michaelis, Antonia, Bauer/Wehrland; **174** © Verlag Friedrich Oetinger, Hamburg; **175.1** © Verlag Friedrich Oetinger, Hamburg; **175.2** http://www.ralphbrugger.de/; **176/177** Illustration von Catharina Westphal, aus: "Papa, ich und die Dinosaurier" © Verlag Friedrich Oetinger, Hamburg 2012

Sollte es in einem Einzelfall nicht gelungen sein, den korrekten Rechteinhaber ausfindig zu machen, so werden berechtigte Ansprüche selbstverständlich im Rahmen der üblichen Regelungen abgegolten.

1. Auflage 1 5 4 3 2 1 | 18 17 16 15 14

Alle Drucke dieser Auflage sind unverändert und können im Unterricht nebeneinander verwendet werden.
Die letzte Zahl bezeichnet das Jahr des Druckes.

Programmbereich Klett-Auer

Autorinnen und Autoren: Ruth Dolenc-Petz, Meitingen; Christel Fisgus, Weißenstadt; Getrud Kraft, Sengenthal; Prof. Dr. Edeltraud Röbe, Augsburg; Dr. Heinrich Röbe, Augsburg

Redaktion: Berrit Skopp
Herstellung: Antje Heusing

Layoutkonzeption: Gourdin & Müller, Leipzig
Illustrationen: Dorothea Ackroyd, Bielefeld; Martina Gollnick, Kamenz; Carmen Hochmann, Bielefeld
Satz: fotosatz griesheim GmbH, Griesheim
Reproduktion: Meyle + Müller, Medien-Management, Pforzheim
Druck: PASSAVIA Druckservice GmbH & Co. KG, Passau

Printed in Germany
ISBN 978-3-12-006741-2

9 783120 067412